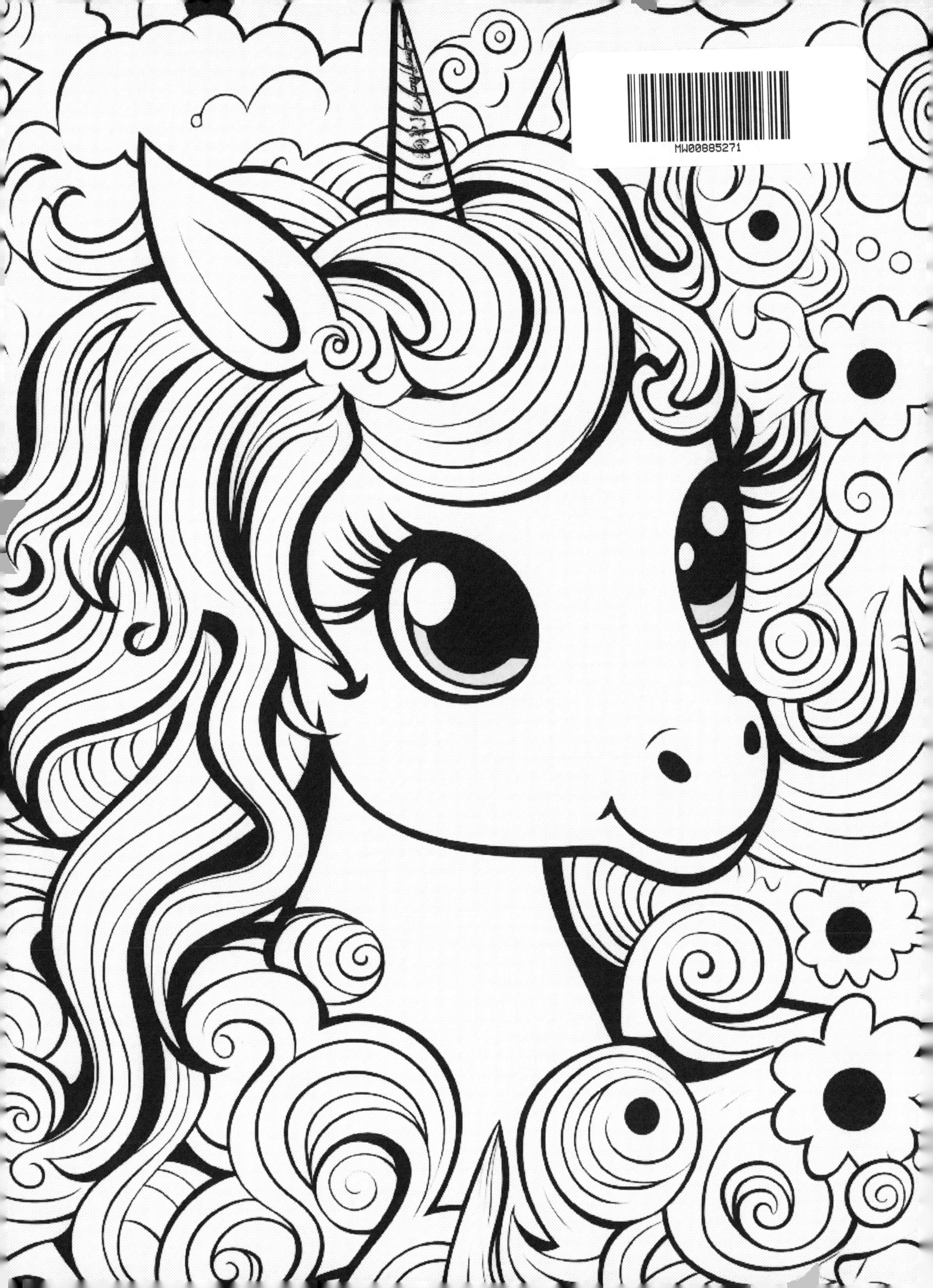

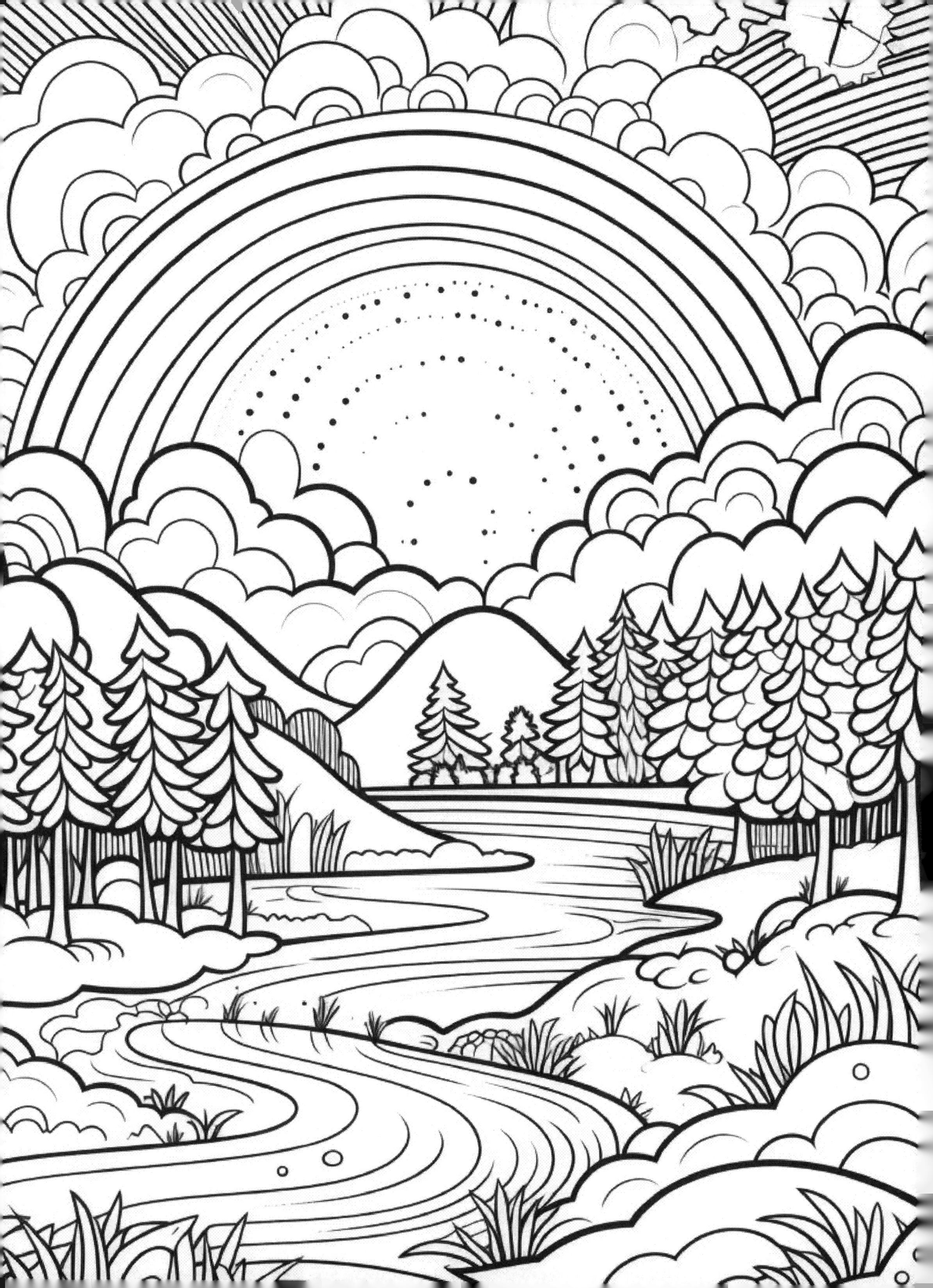

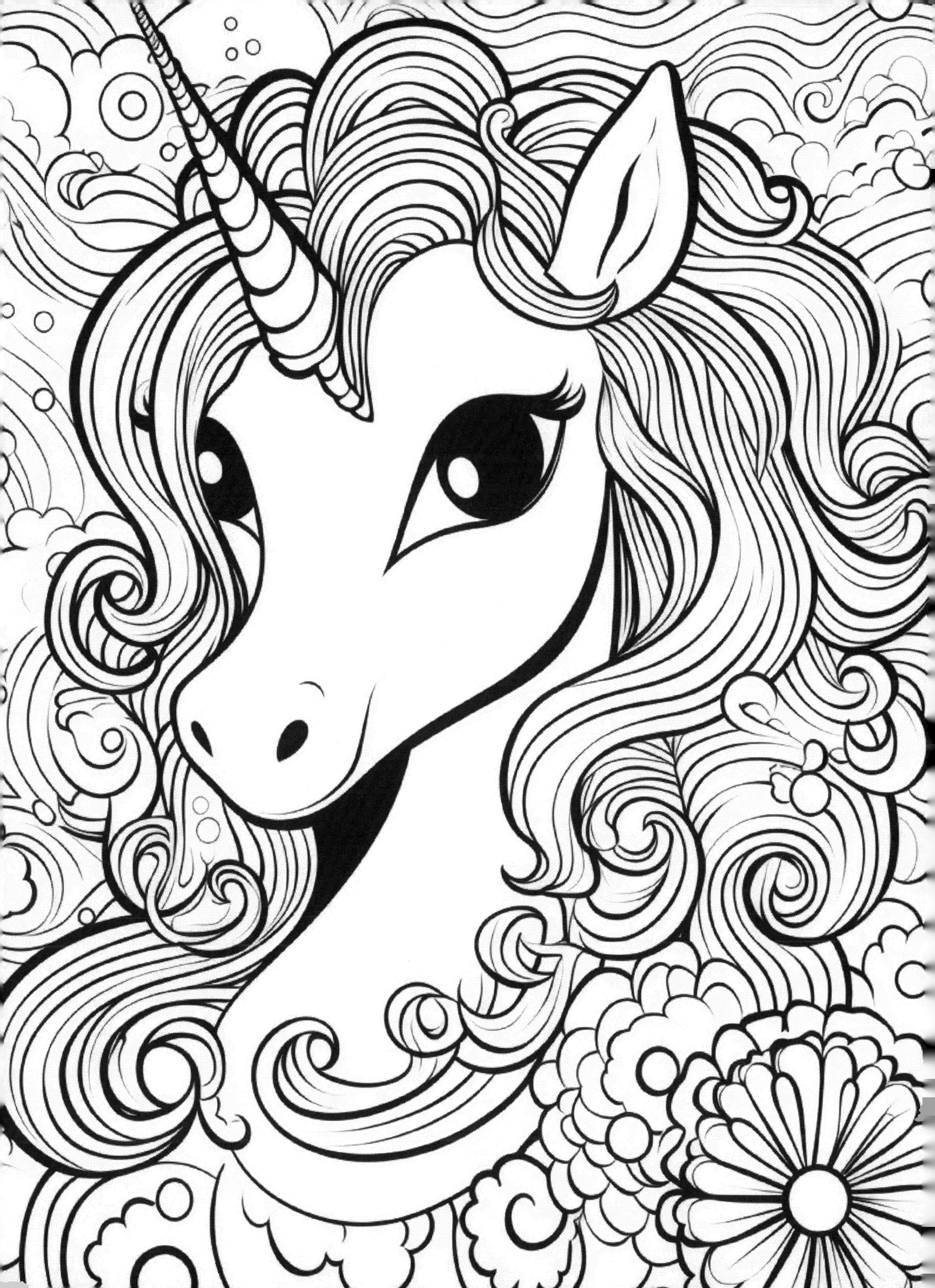

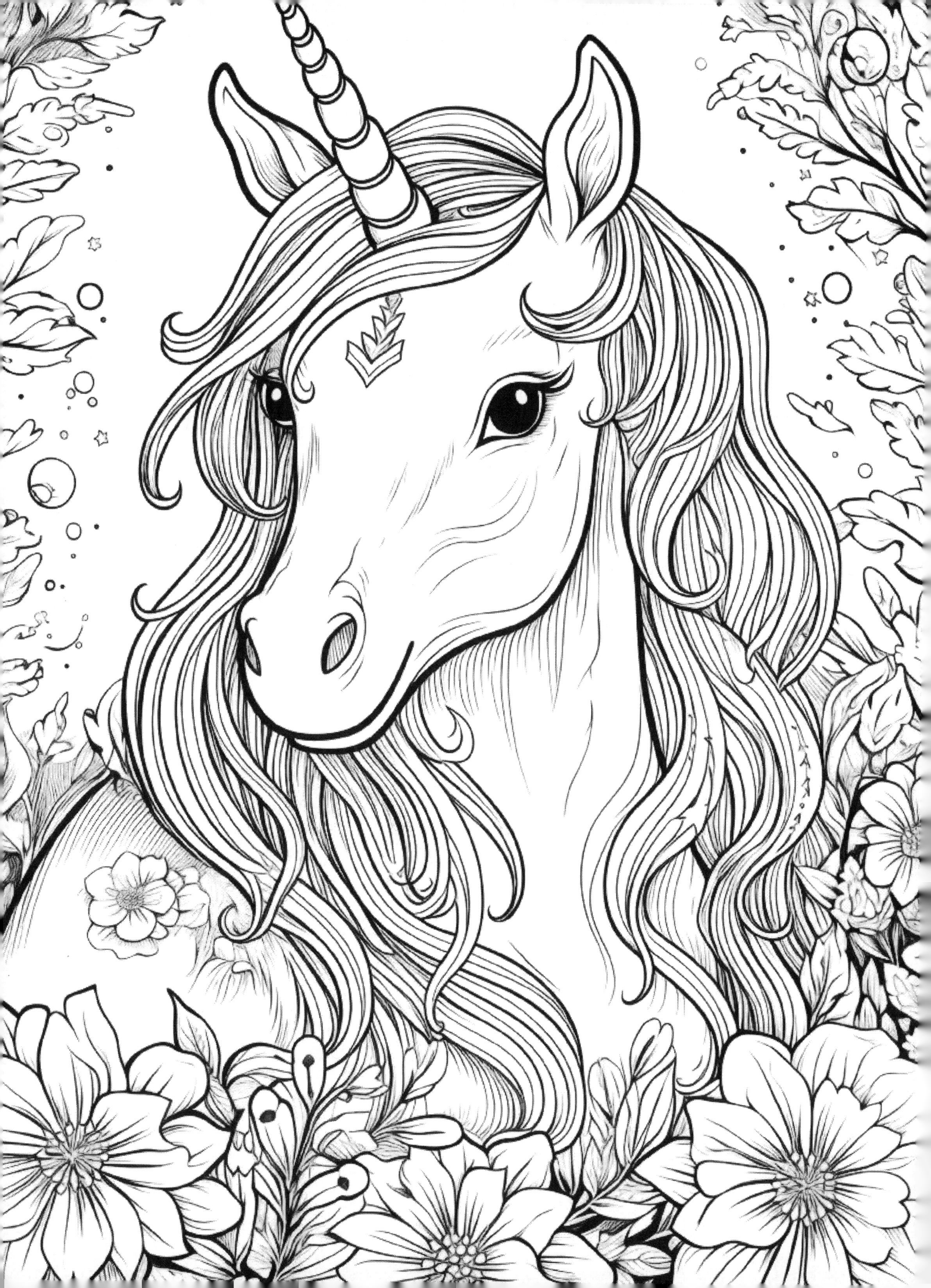

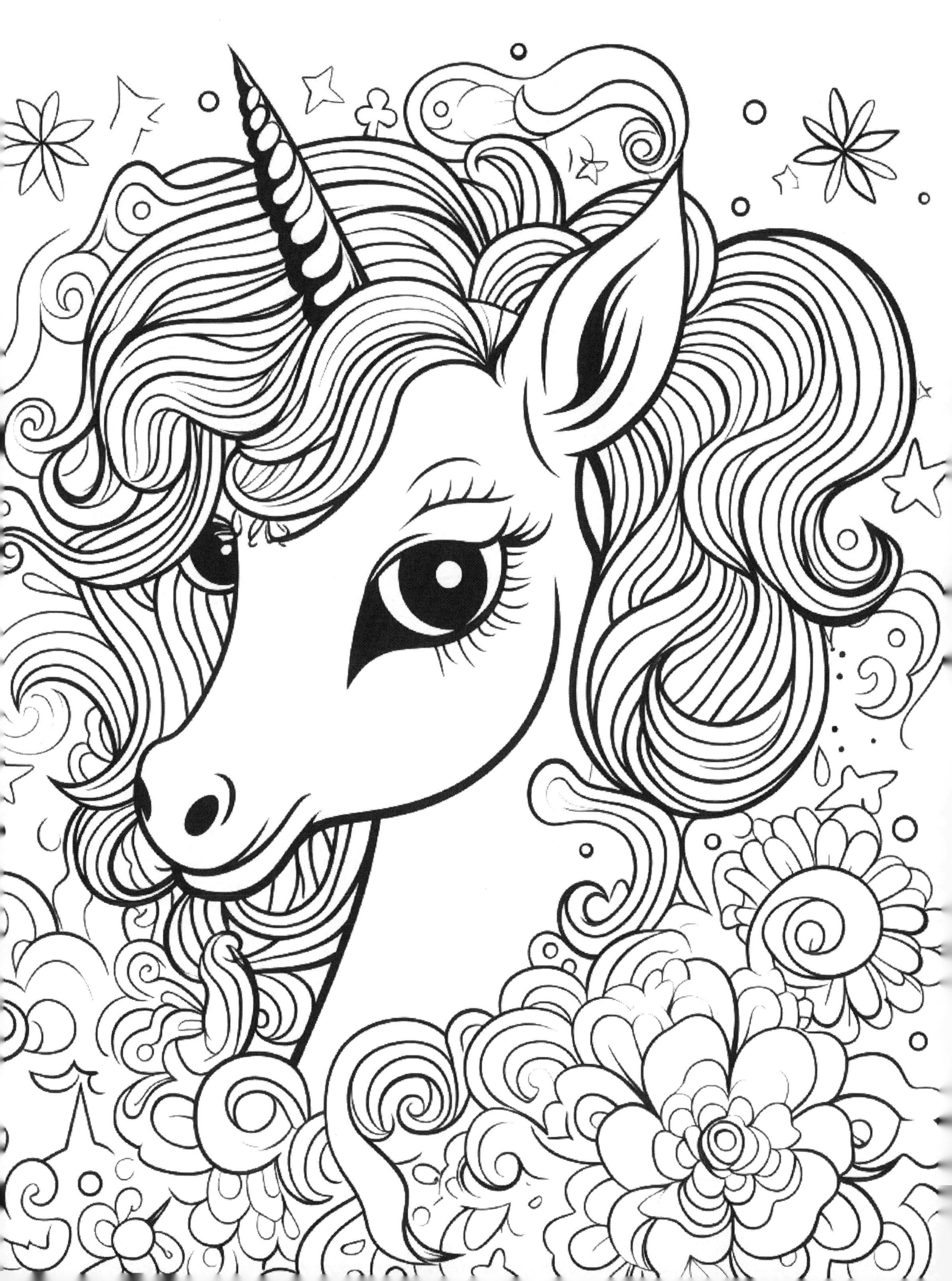

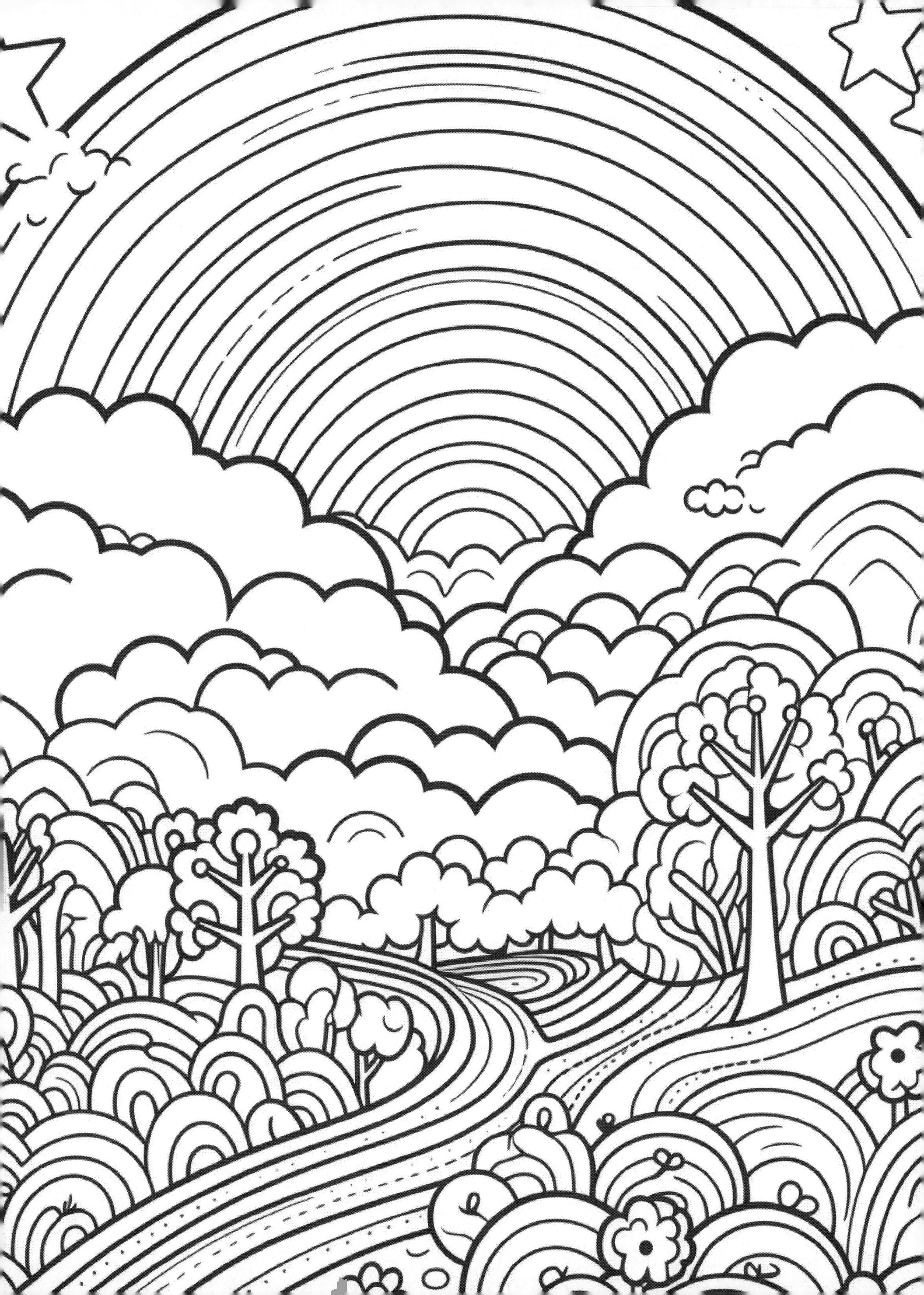

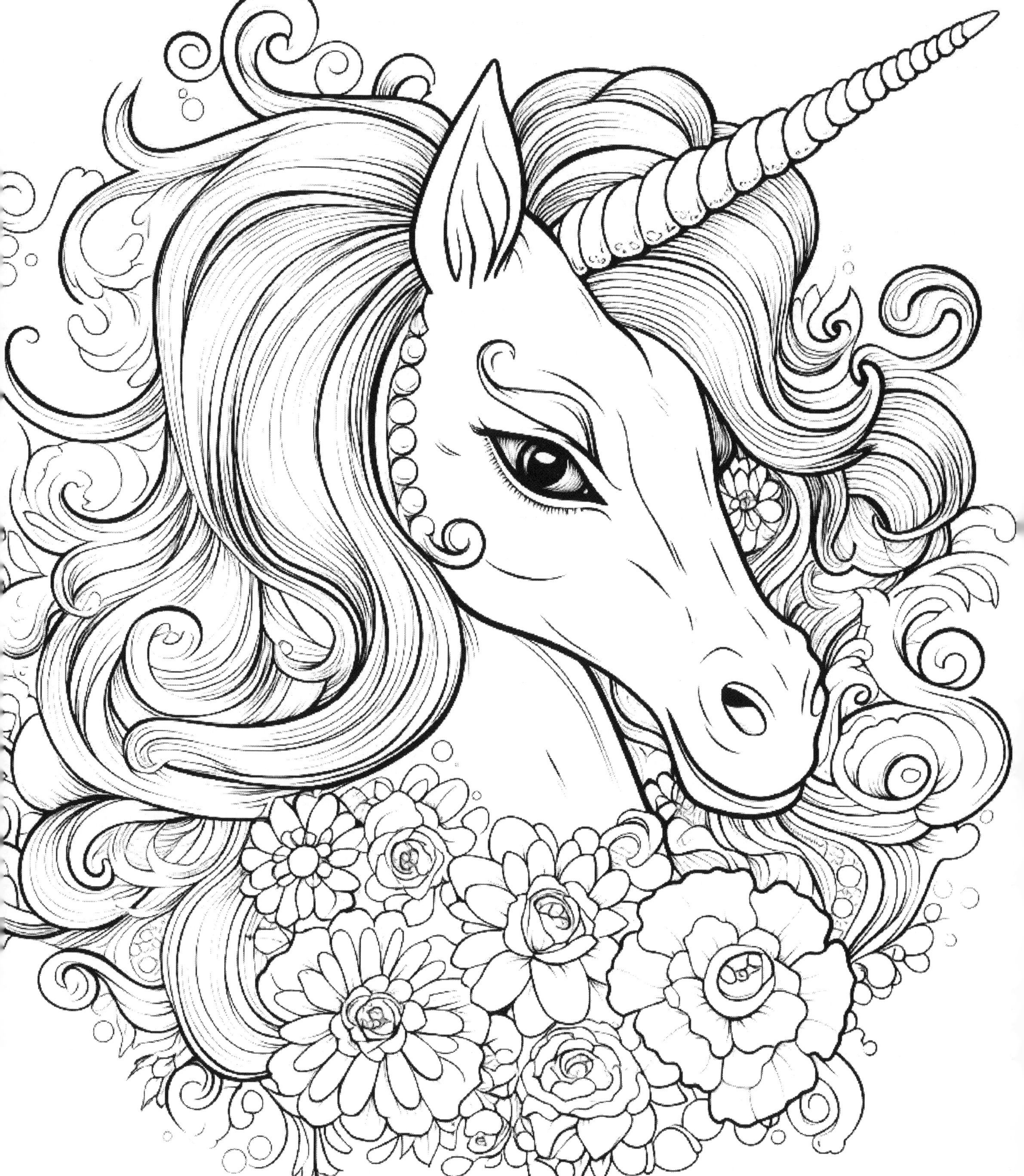

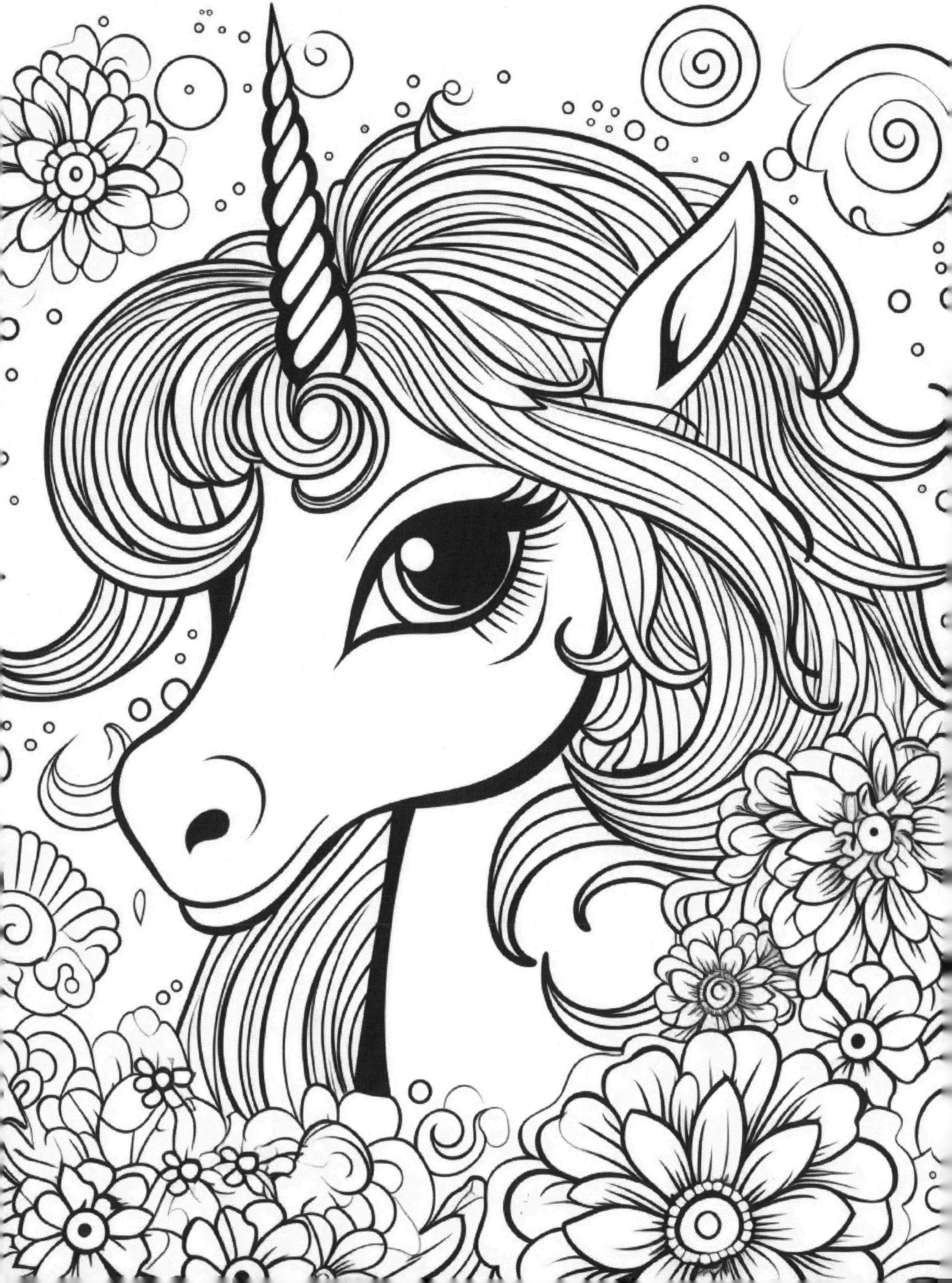

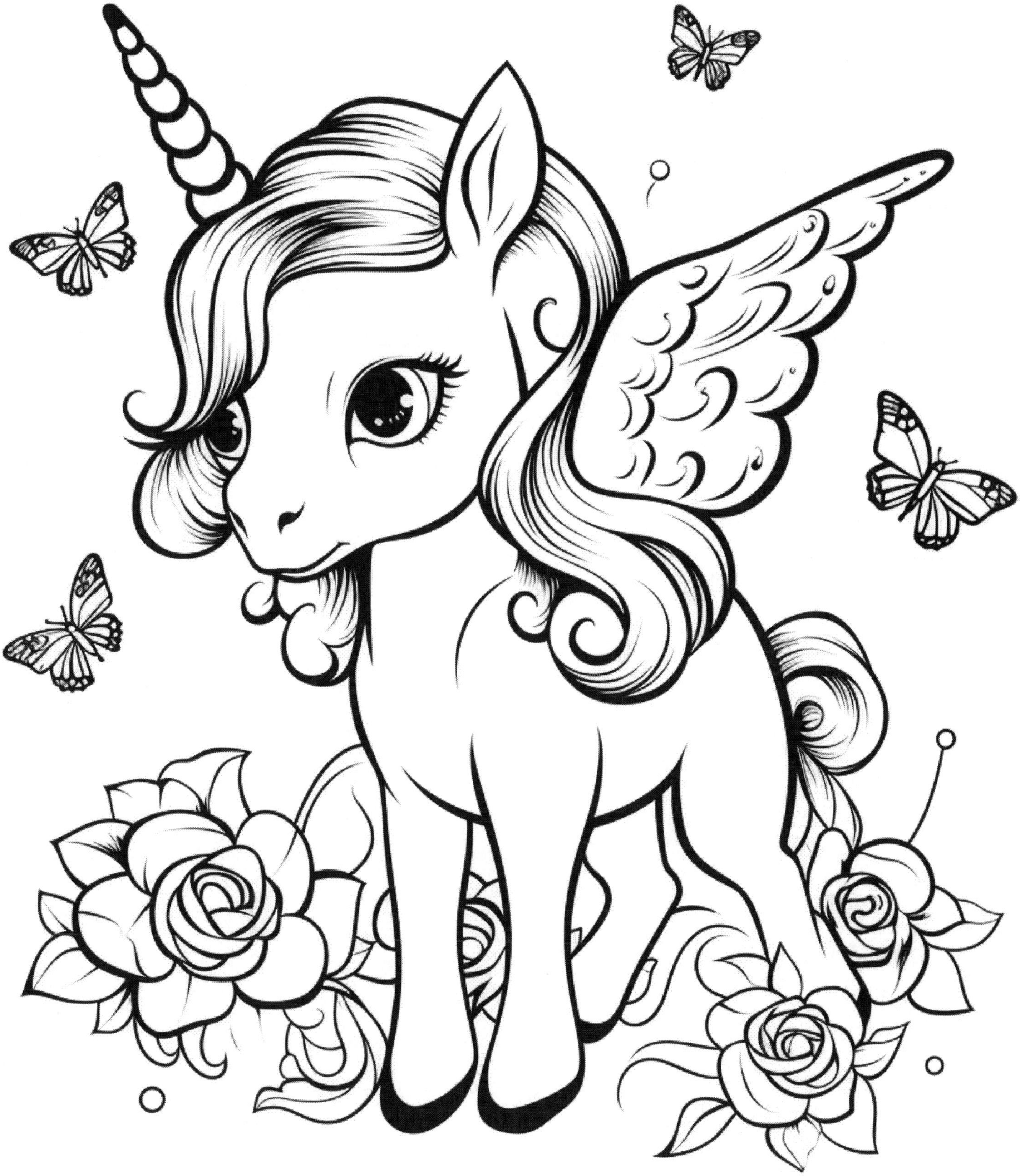

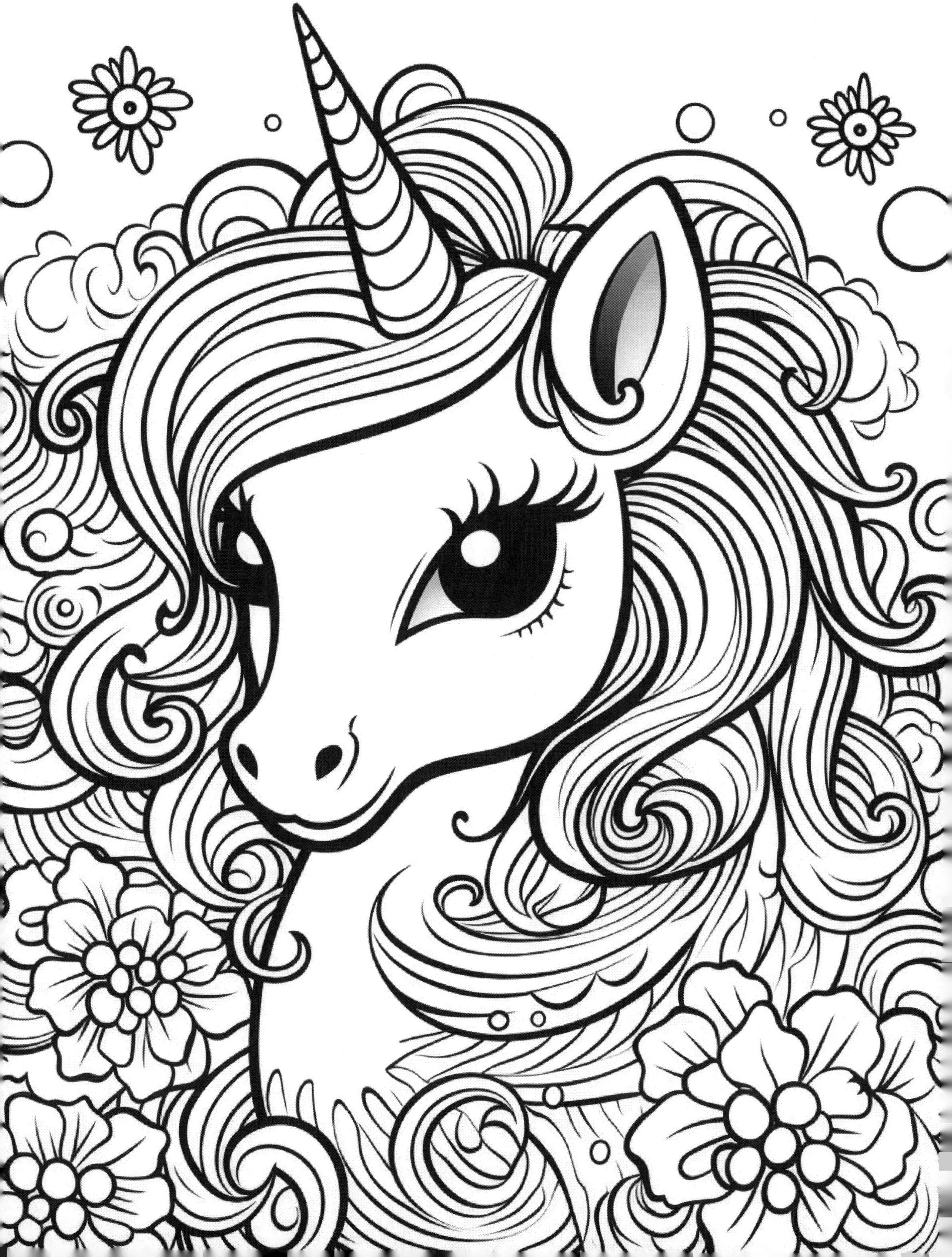

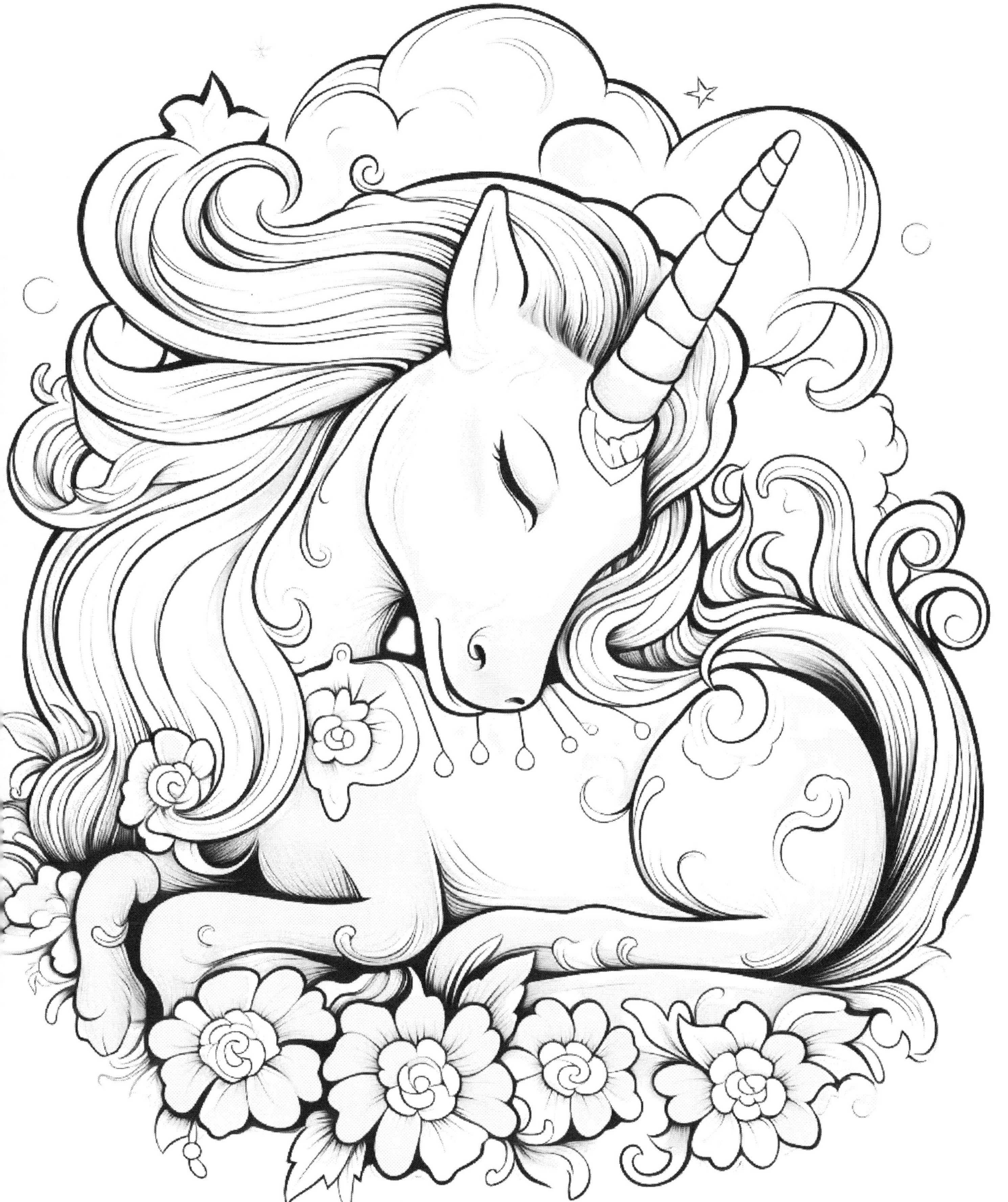

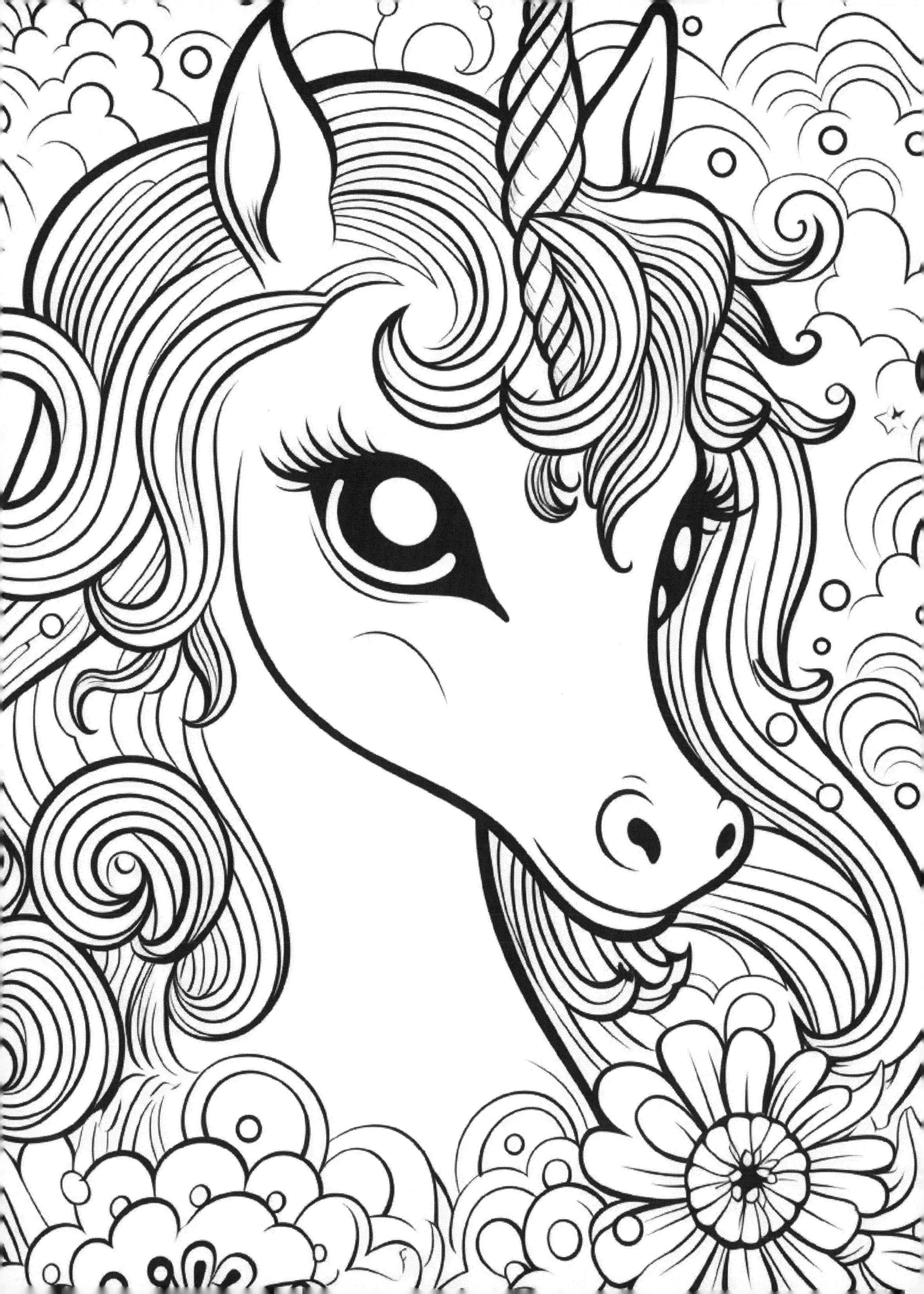

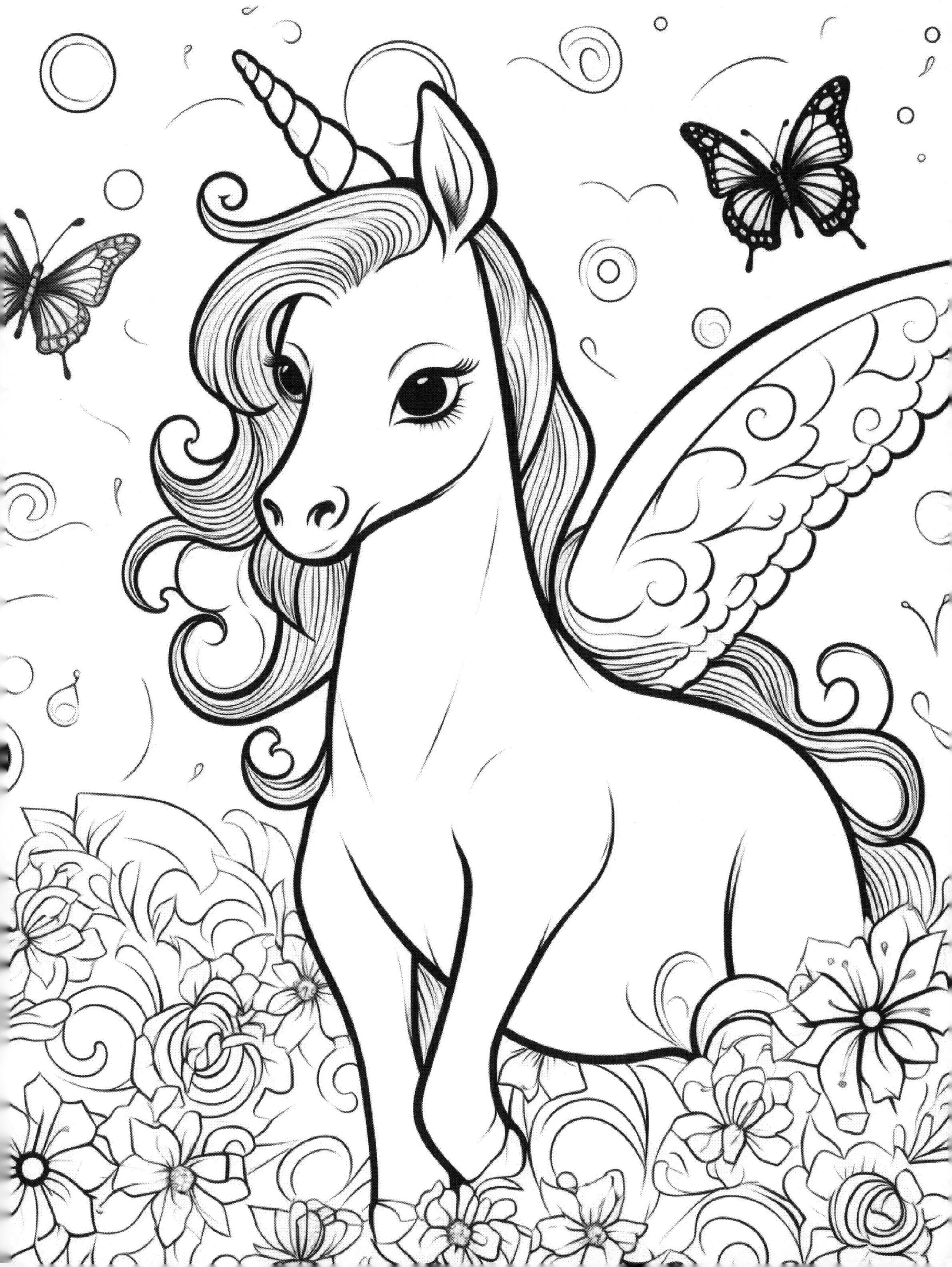

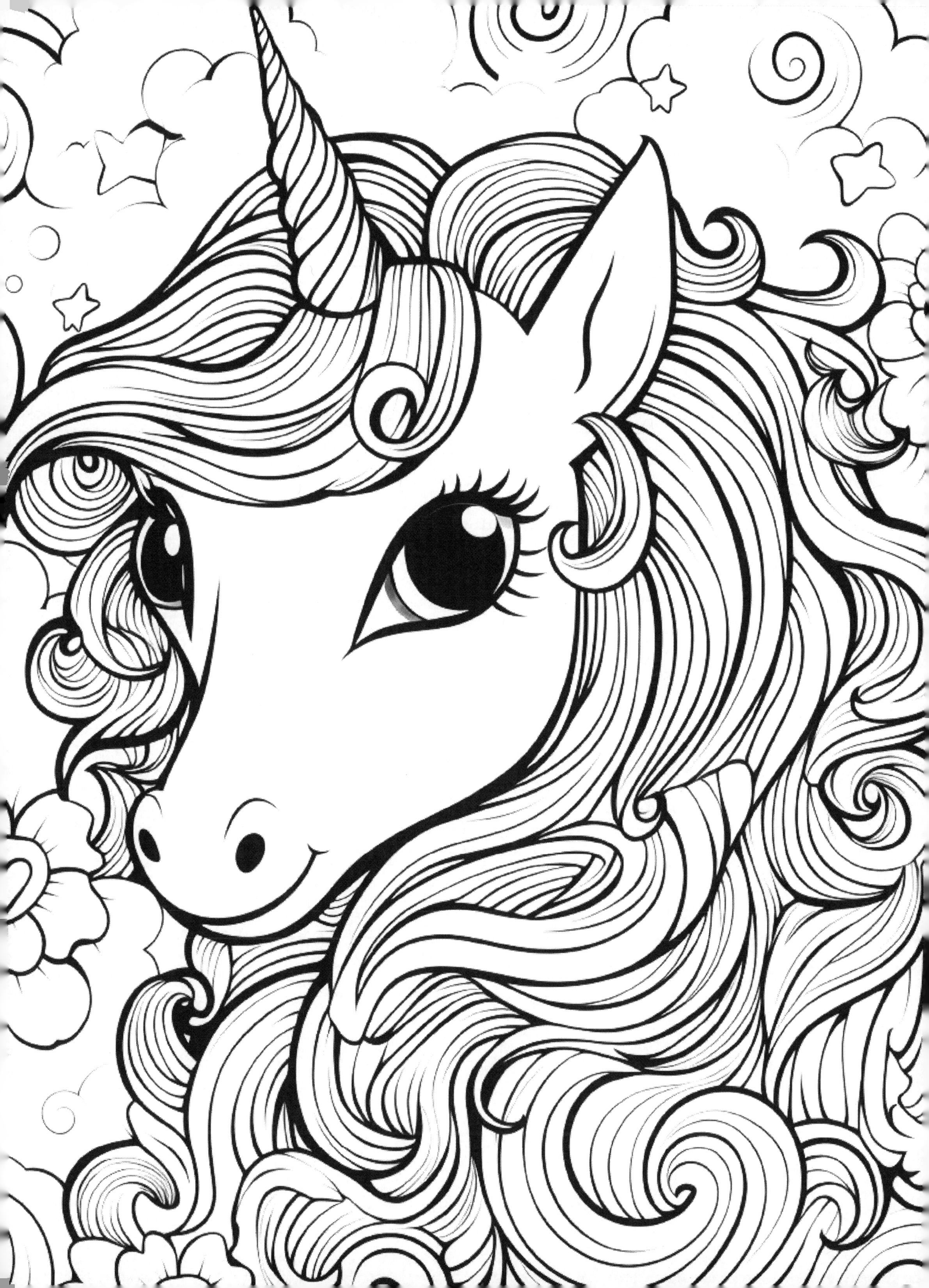

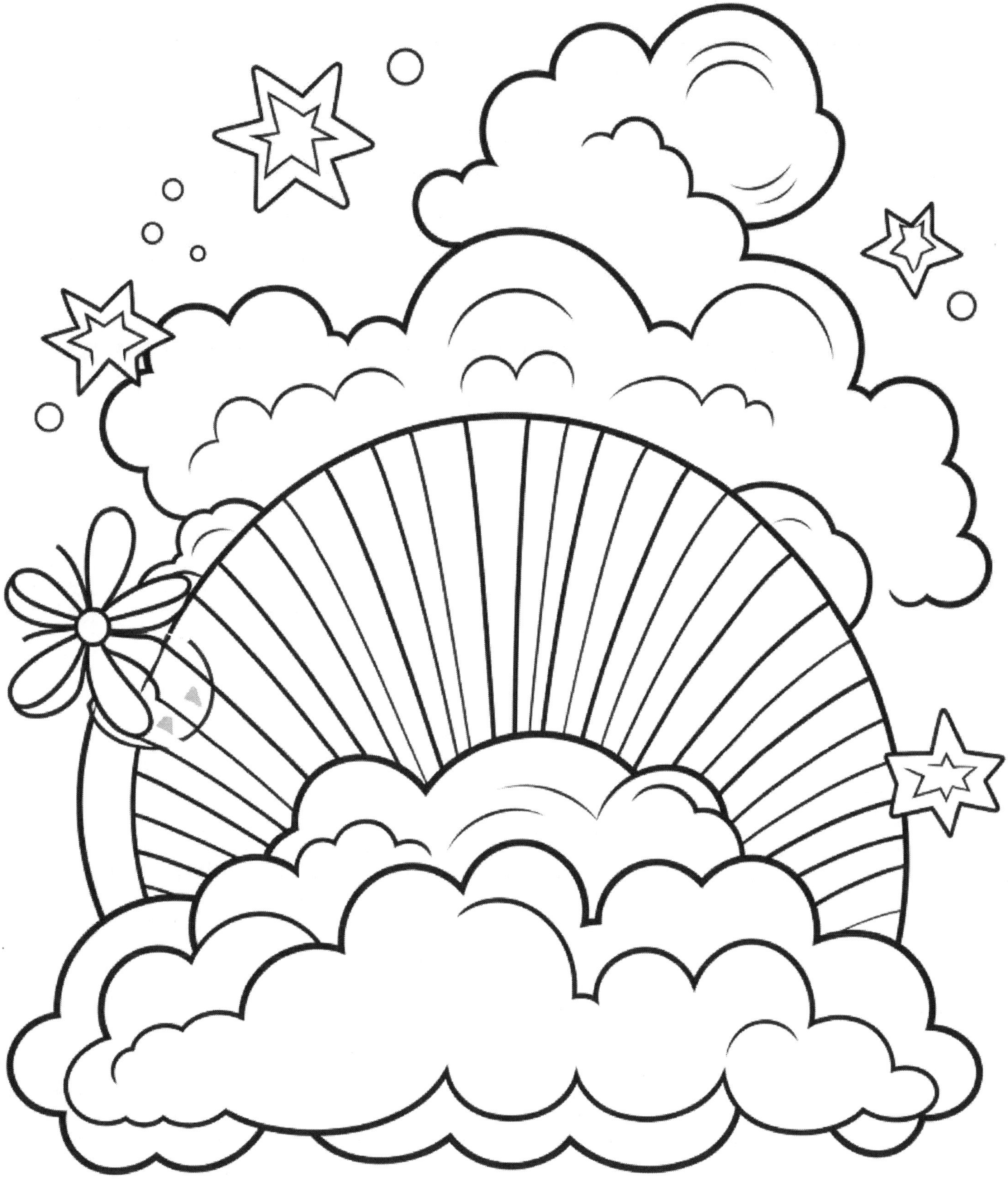

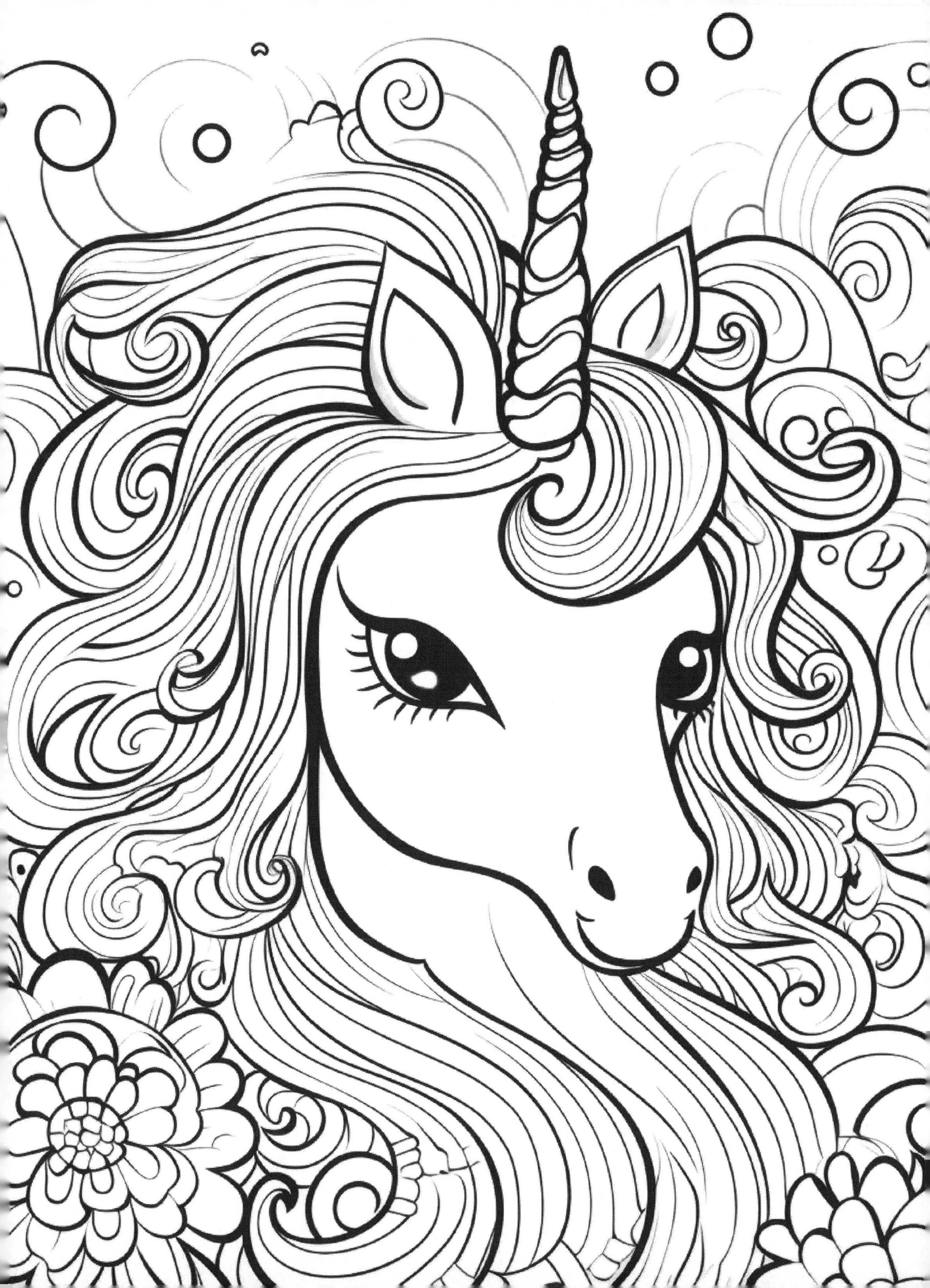

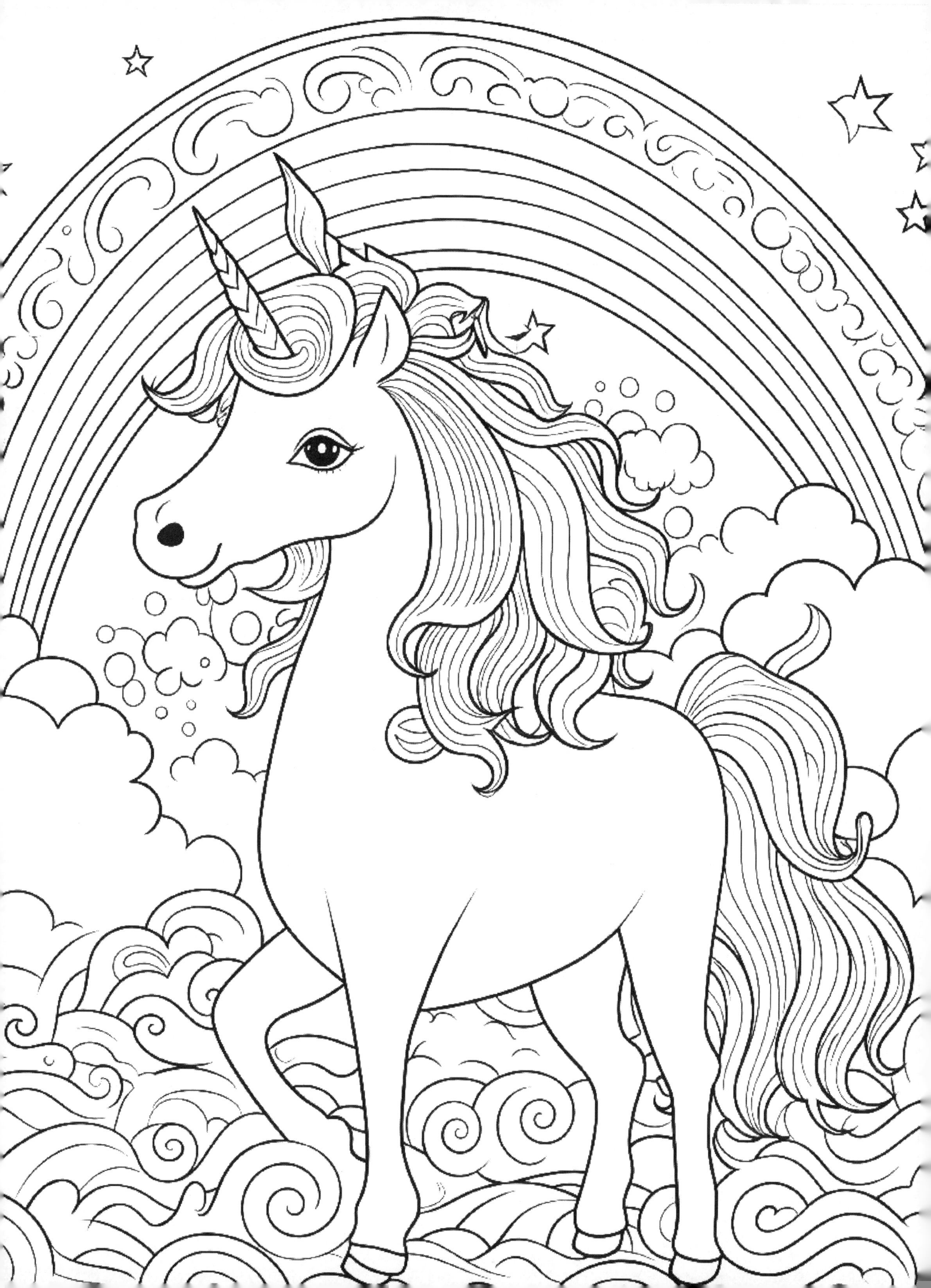

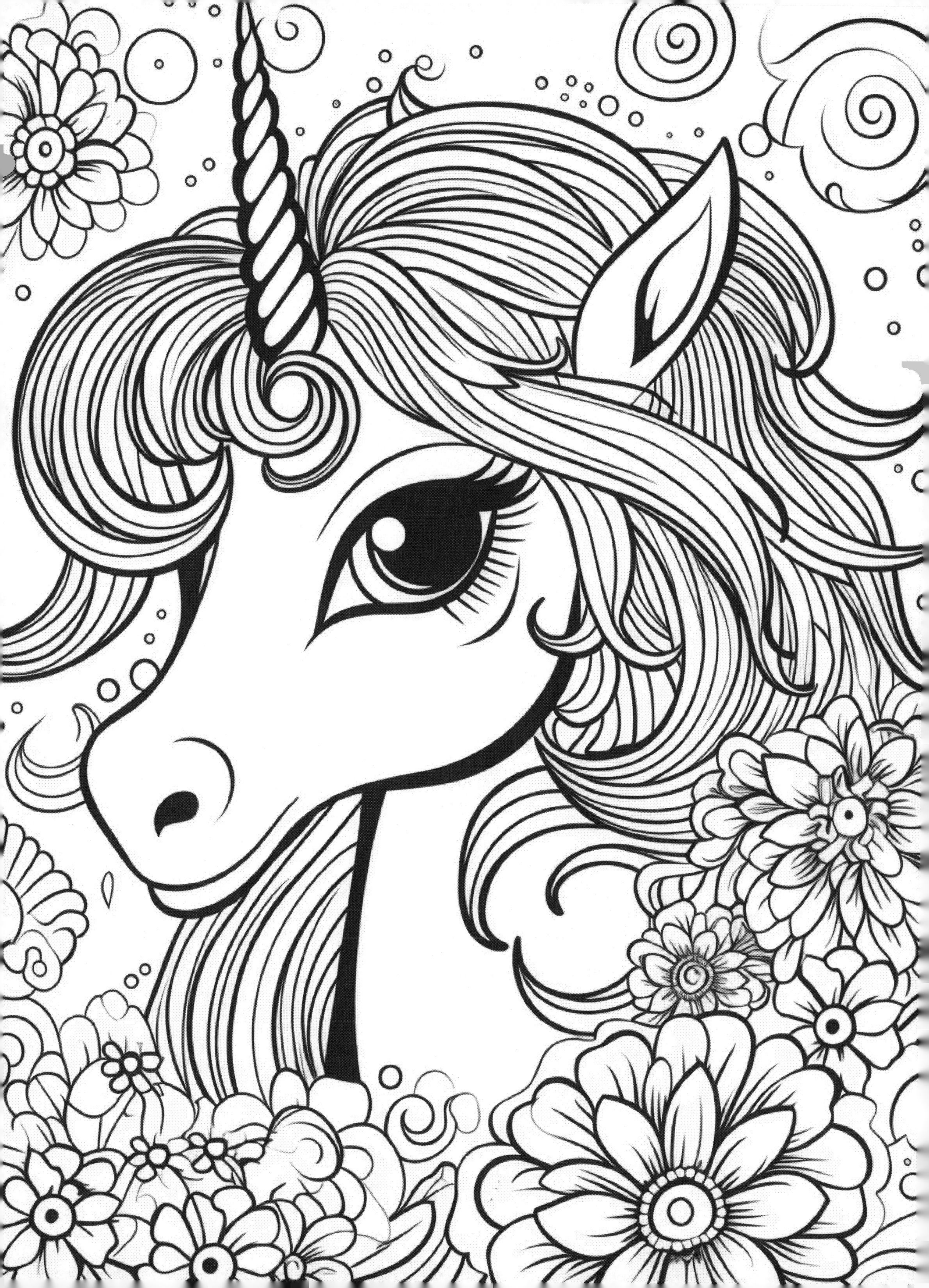

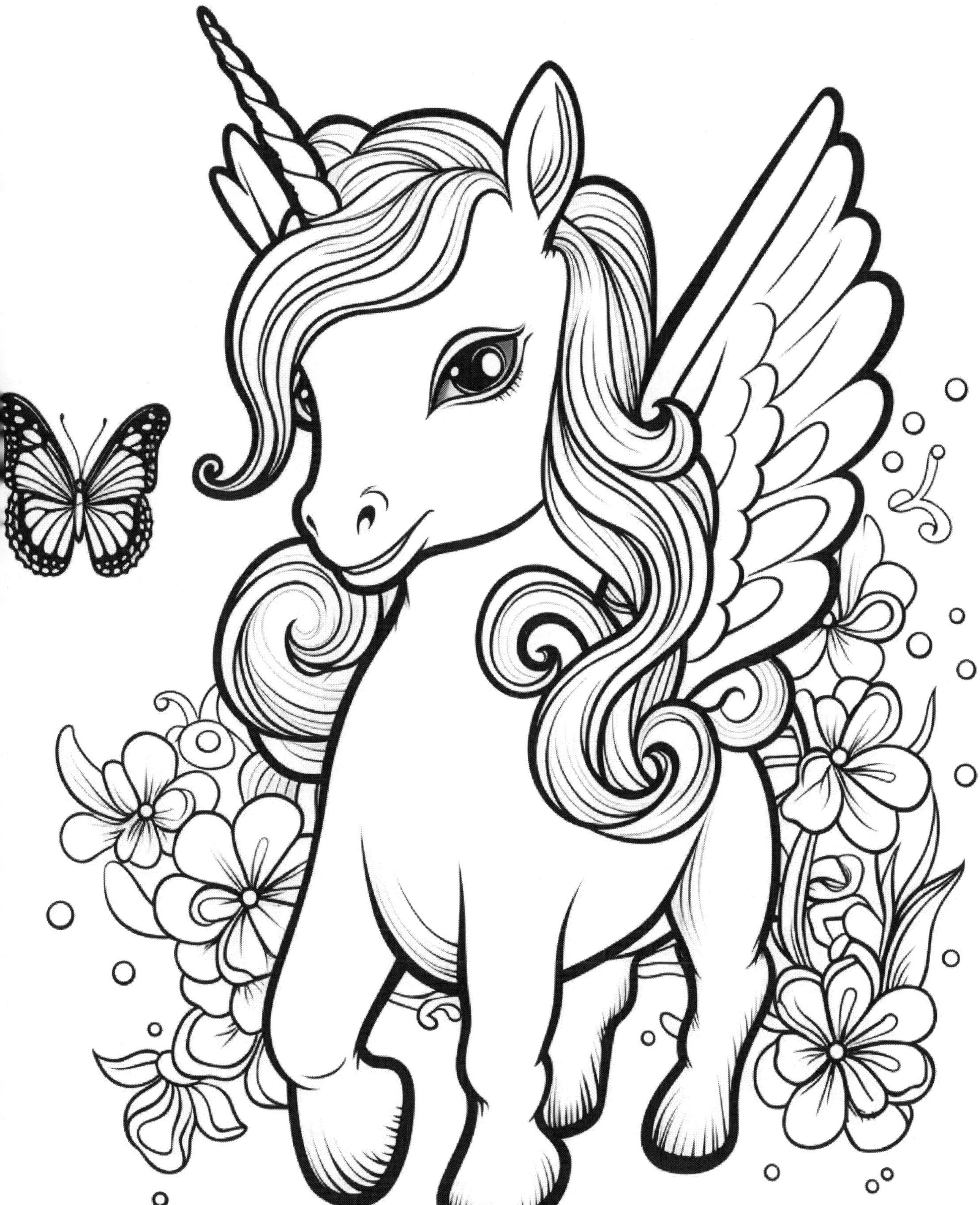

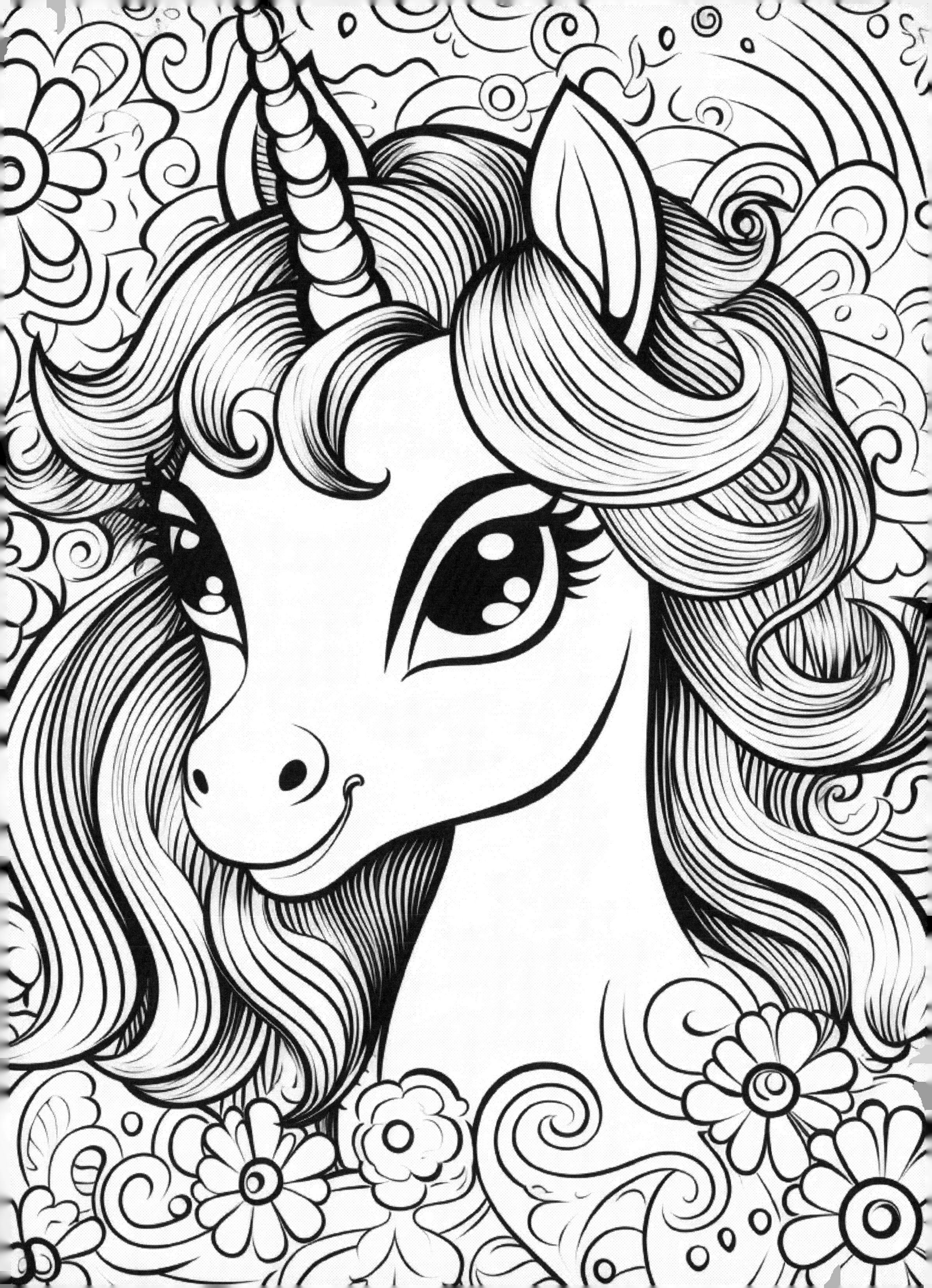

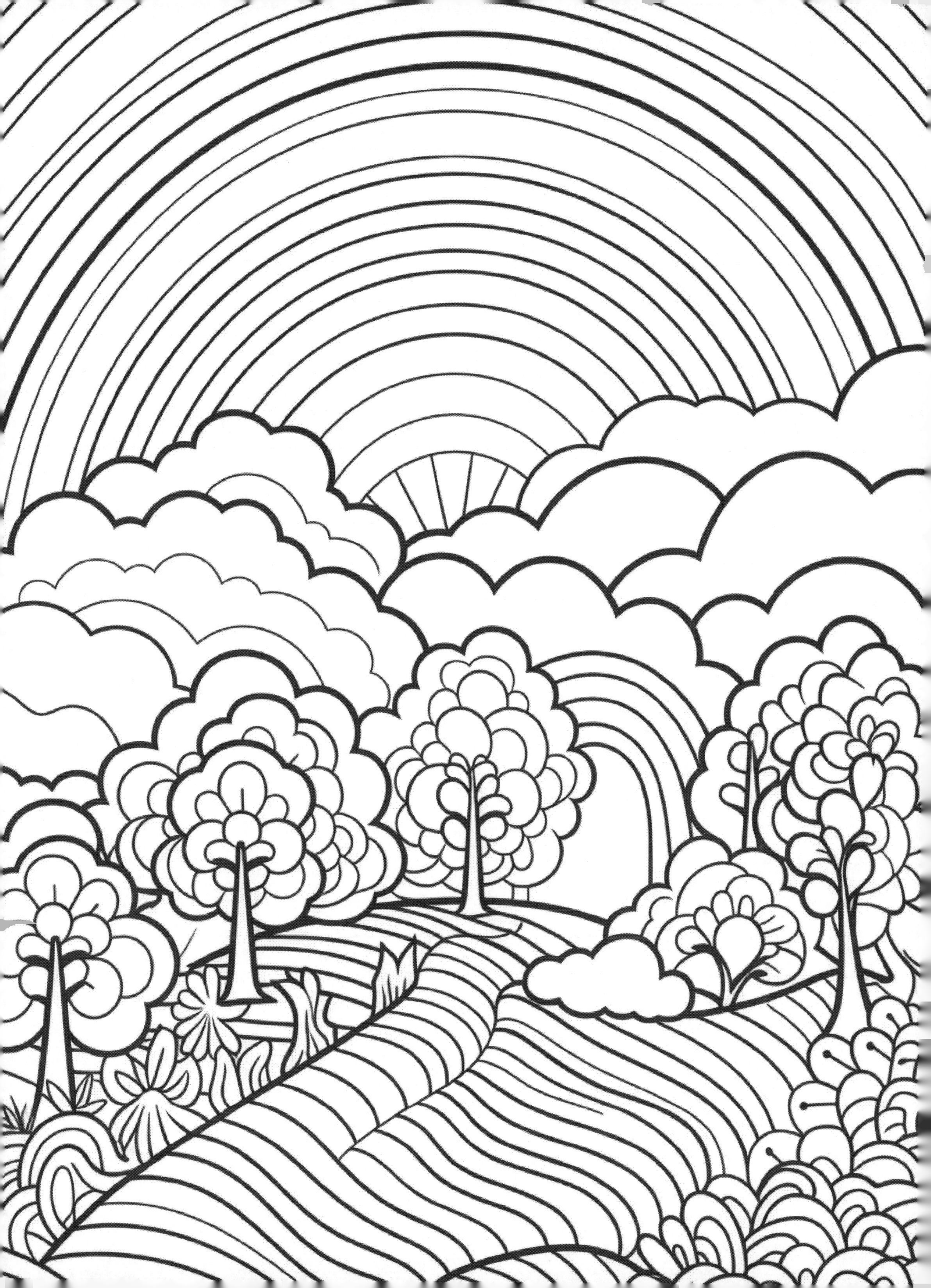

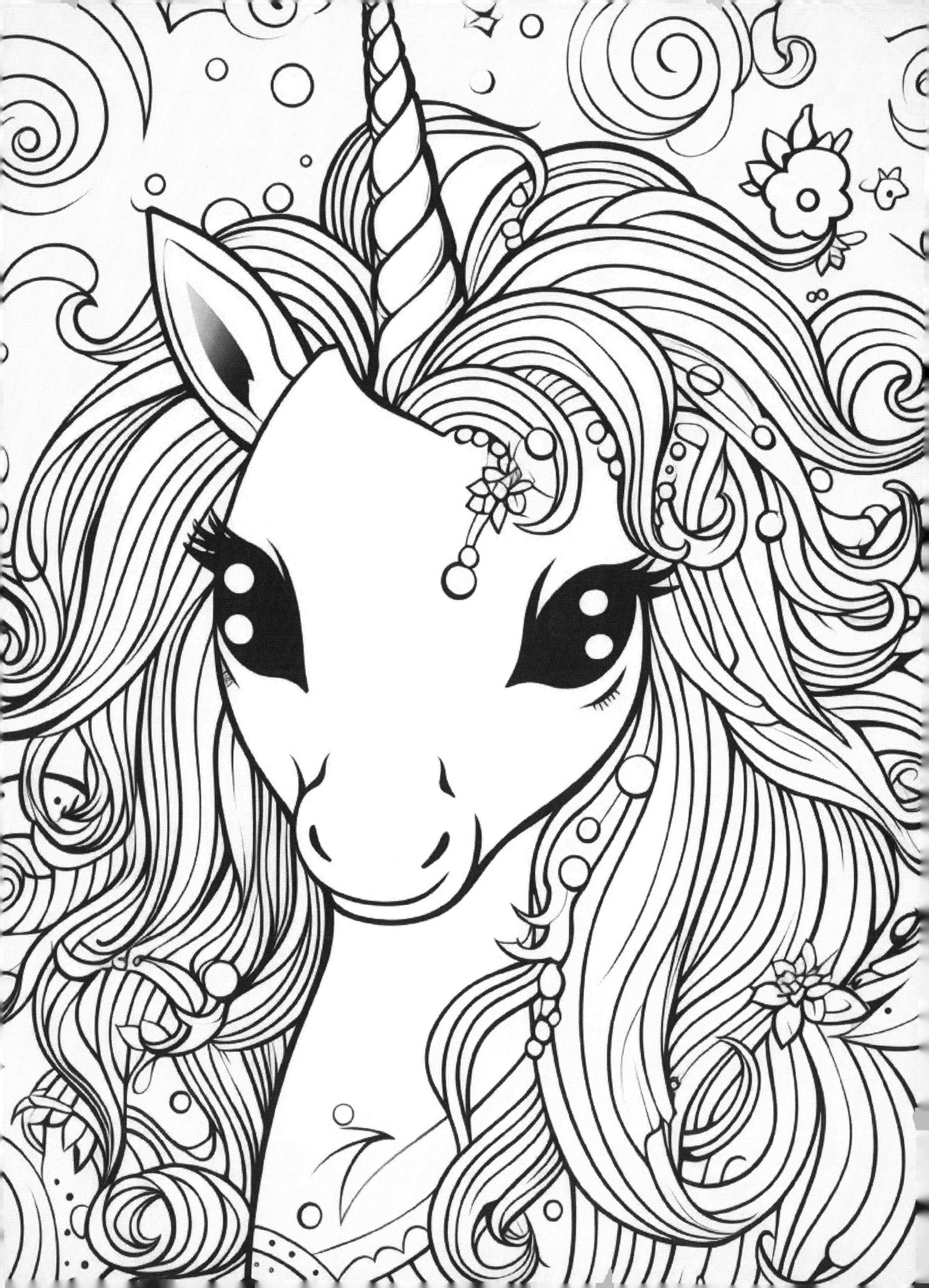

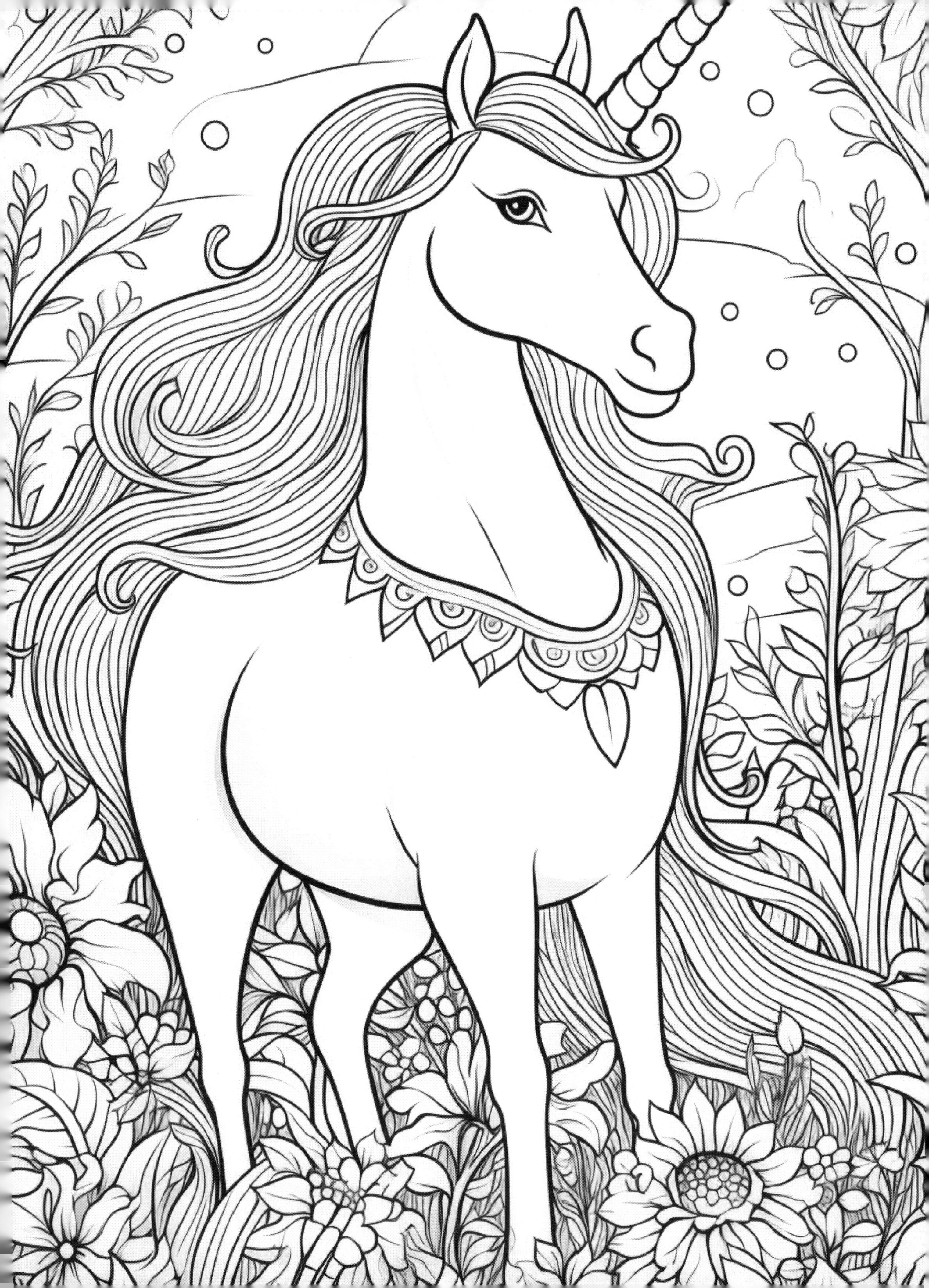

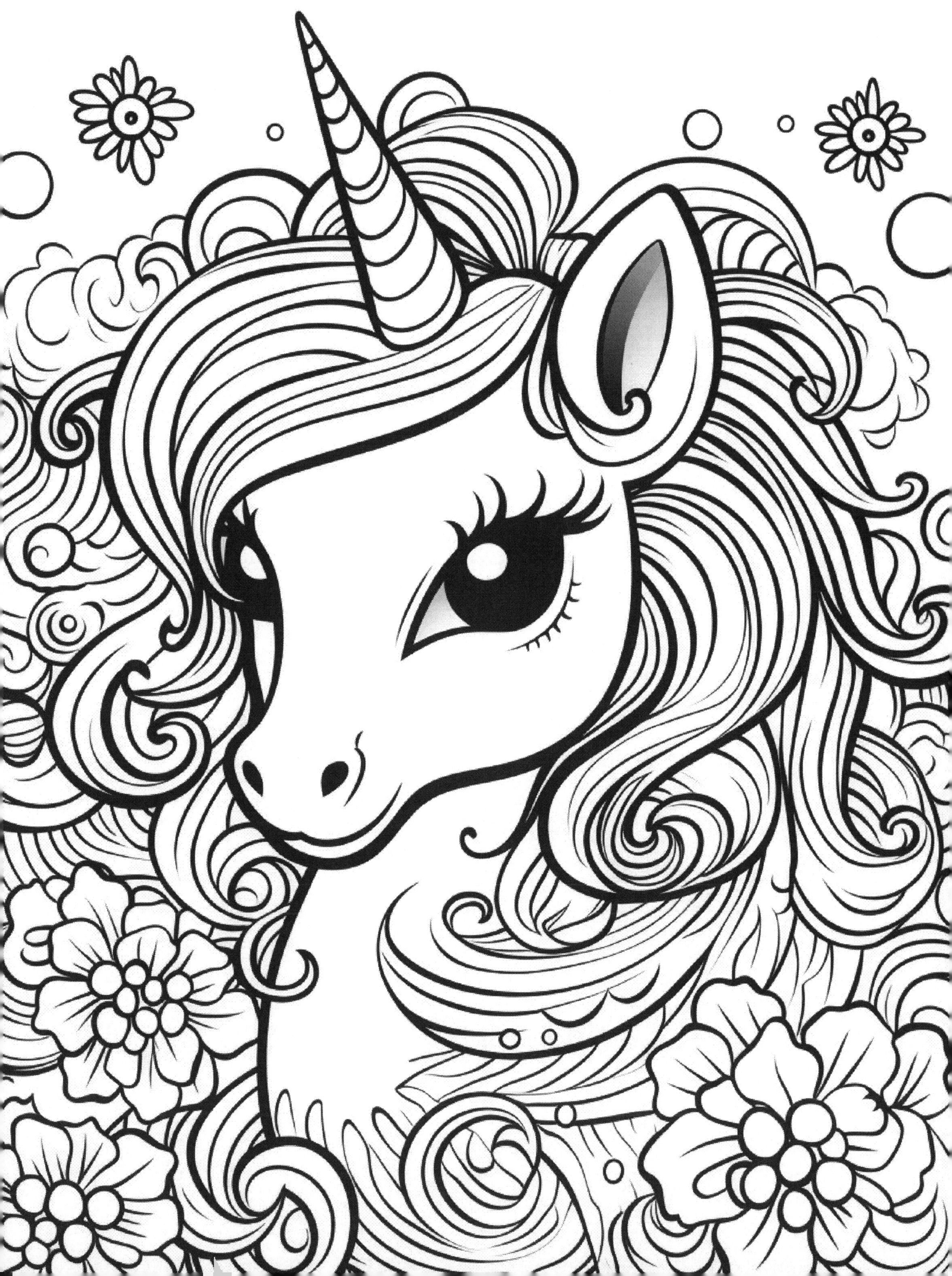

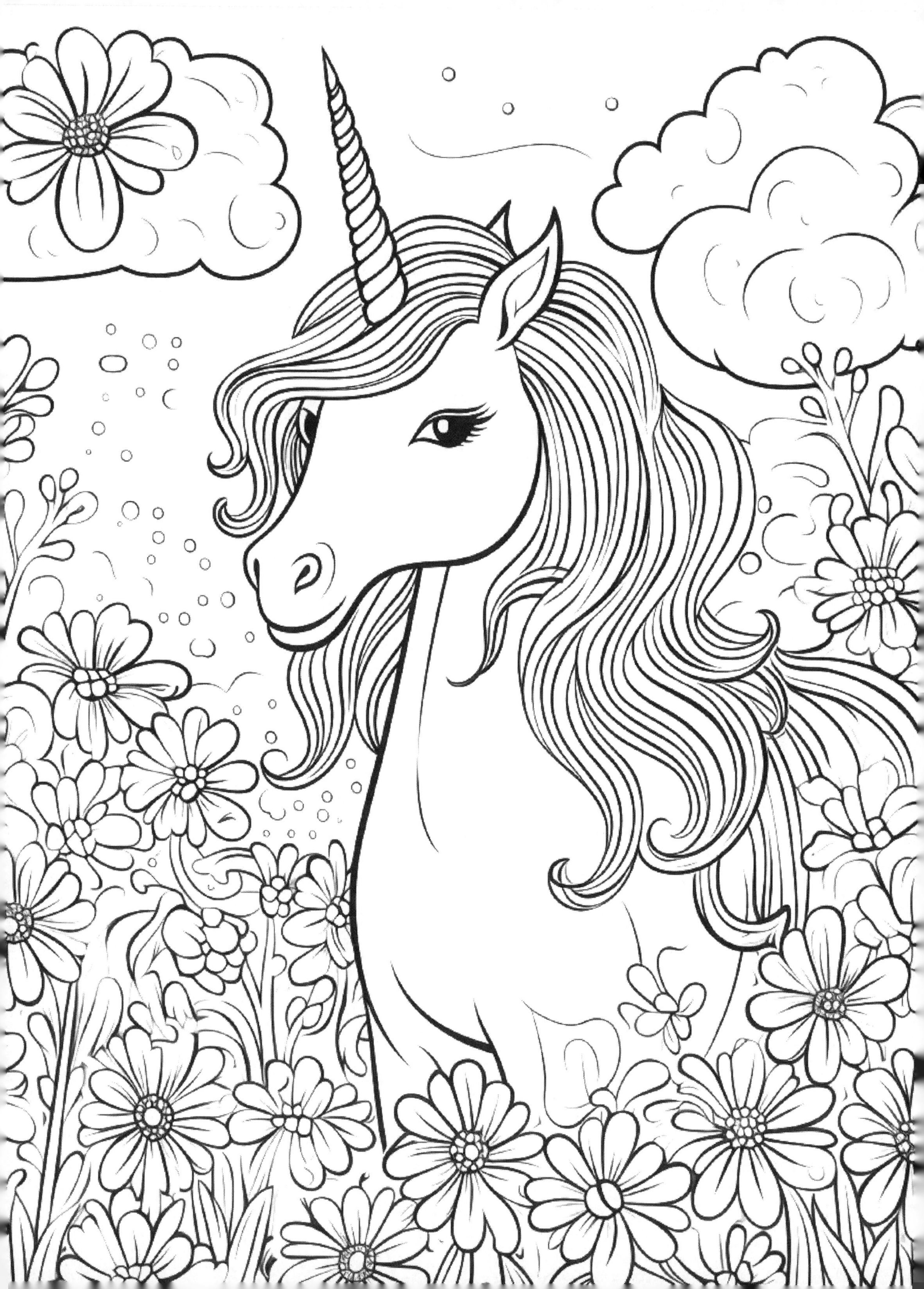

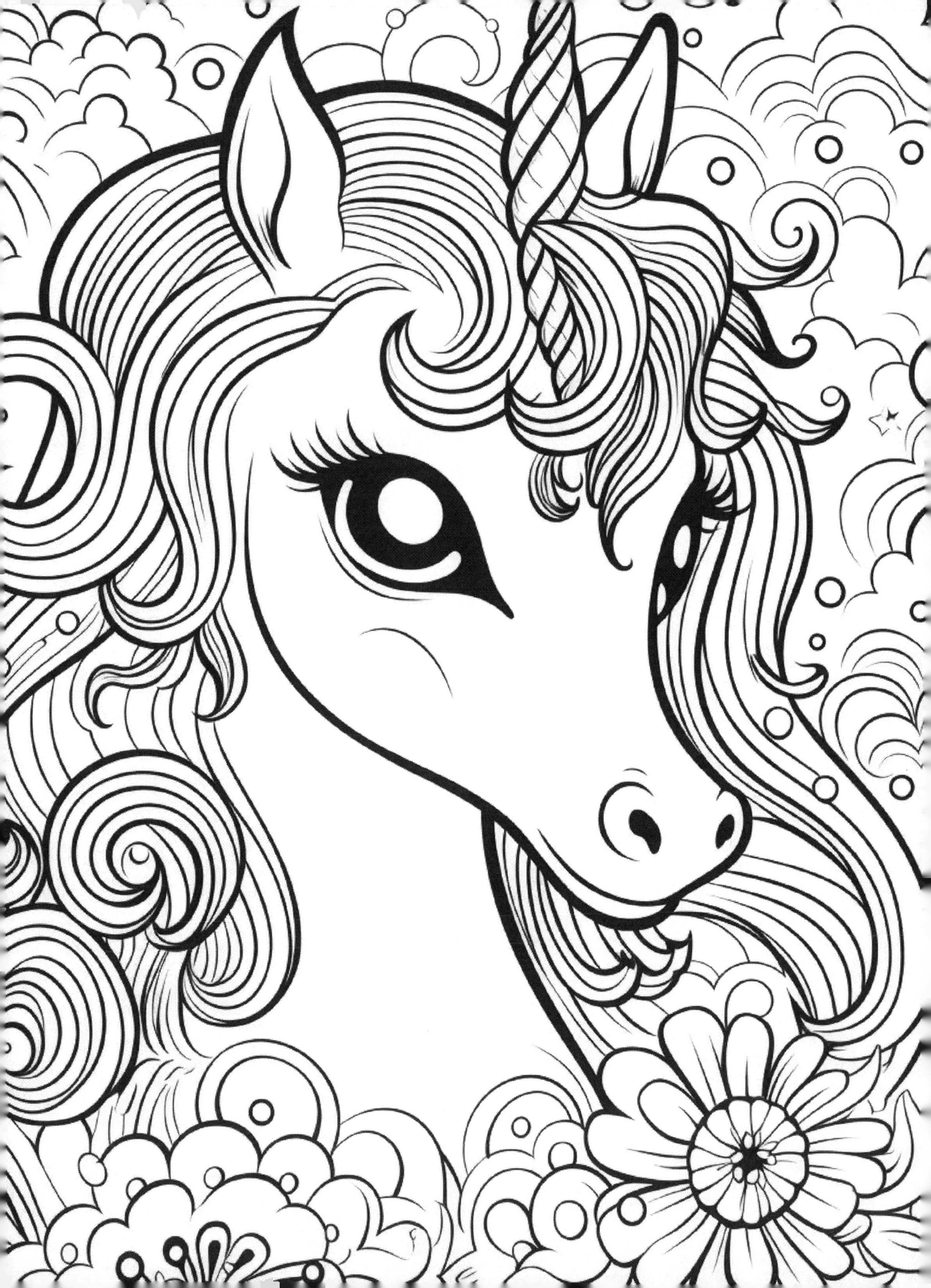

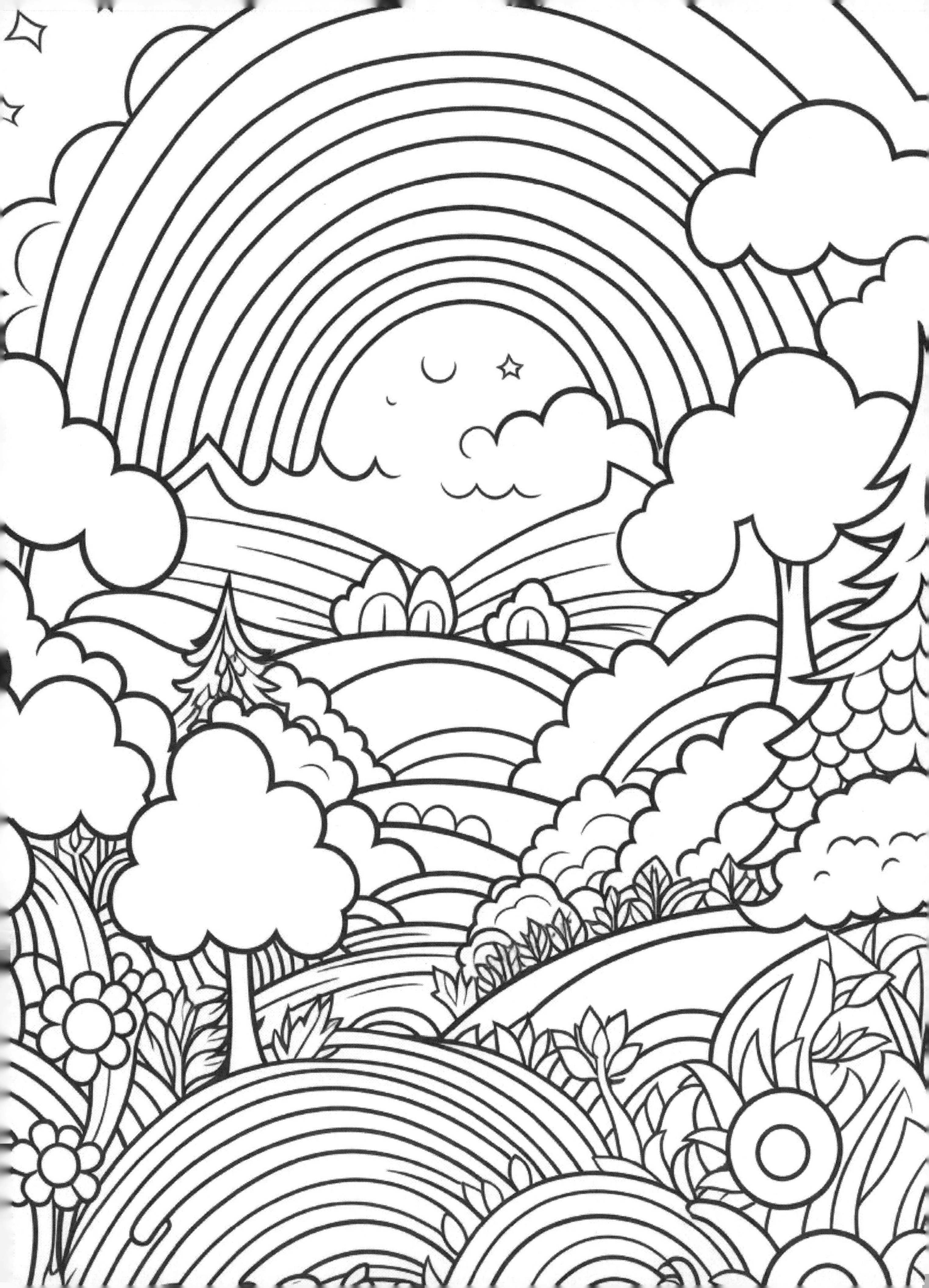

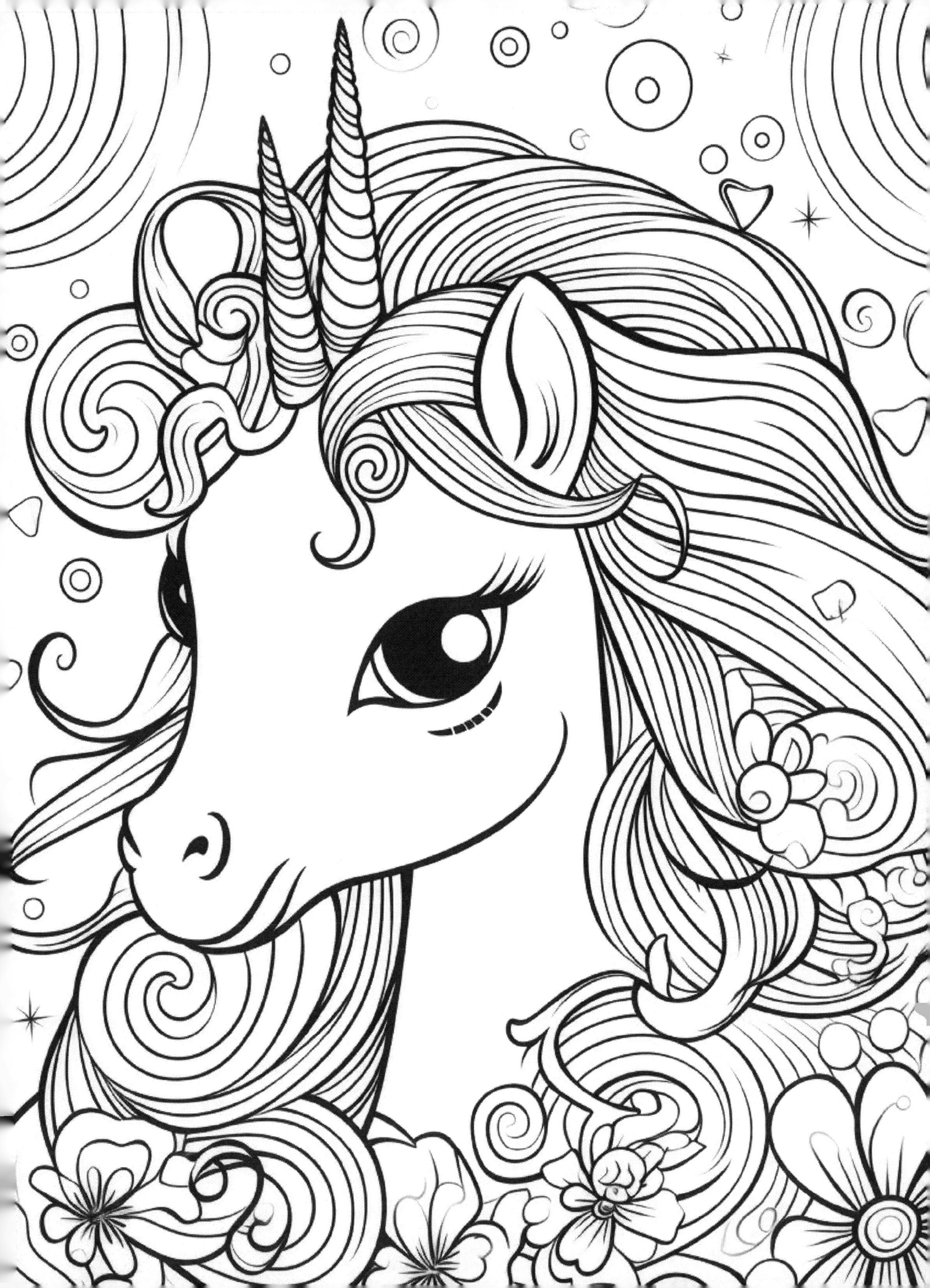

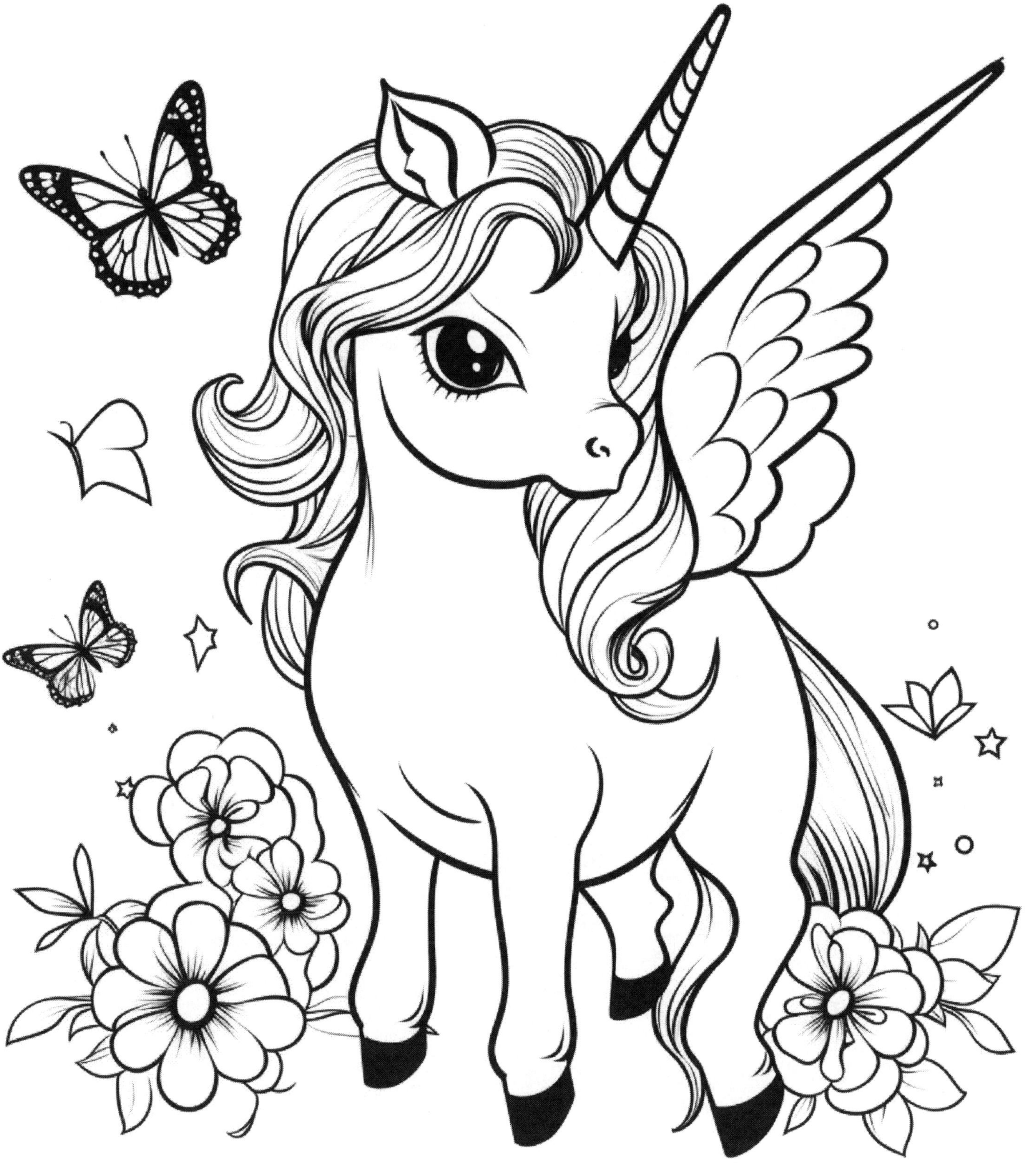

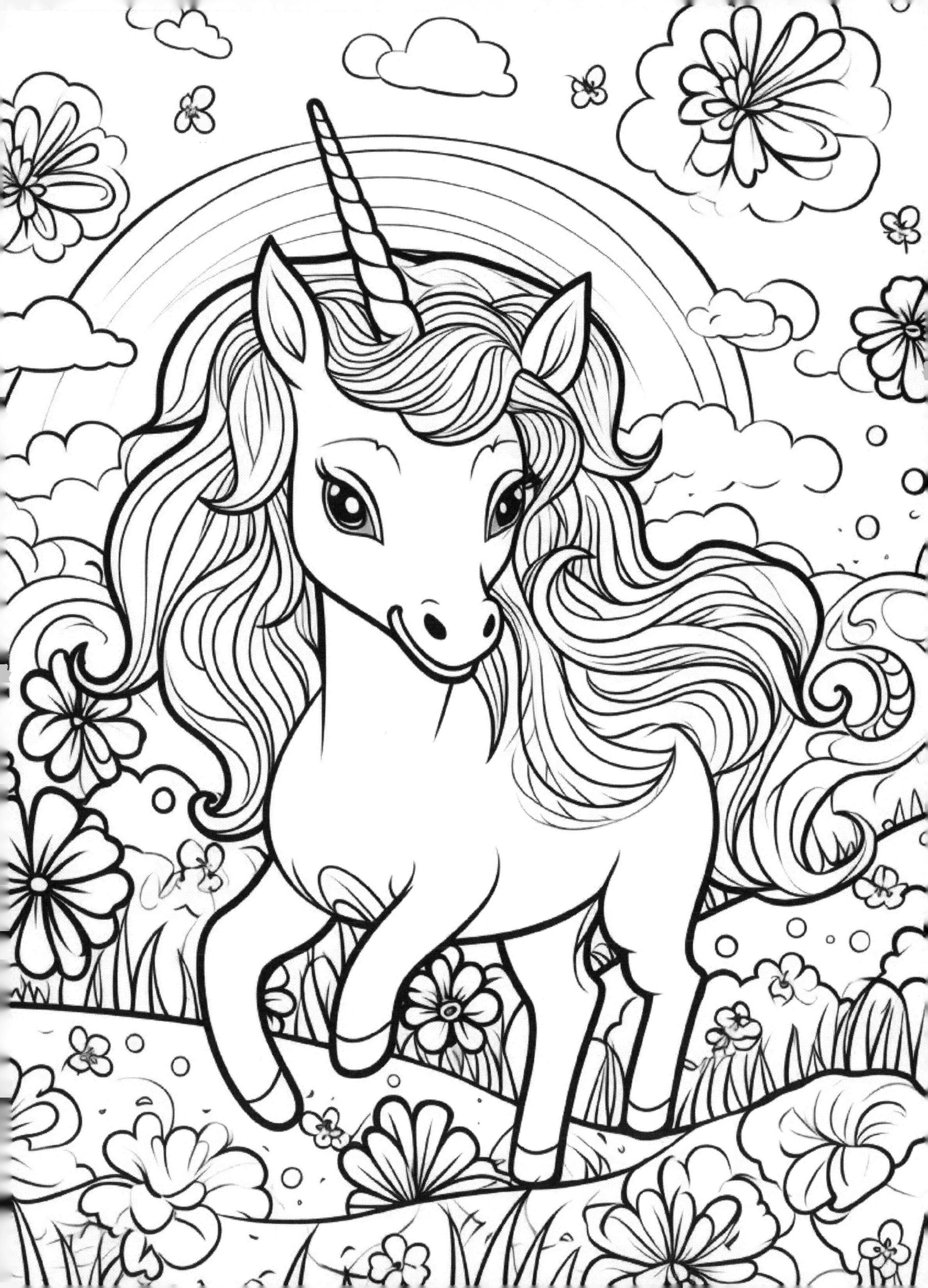

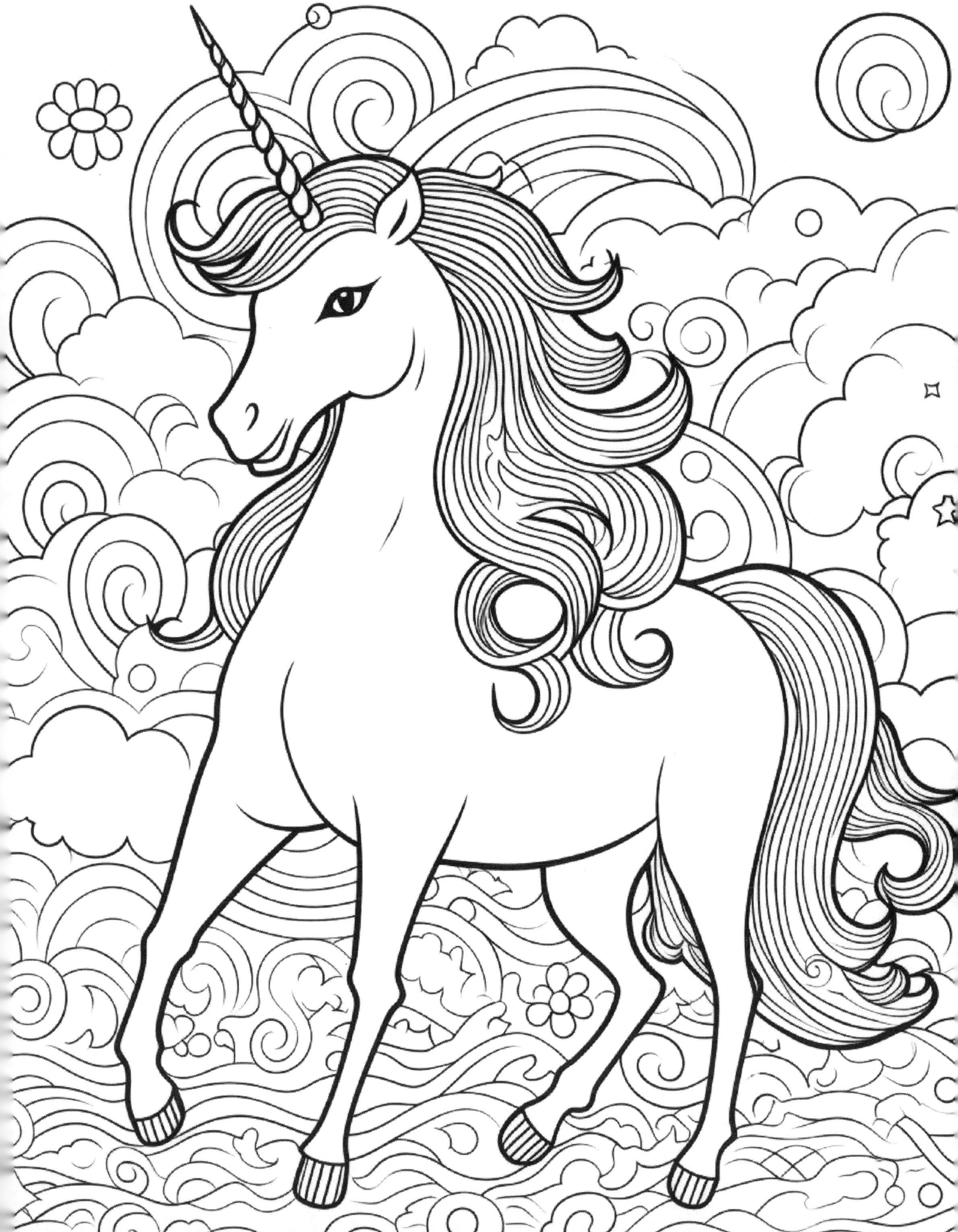

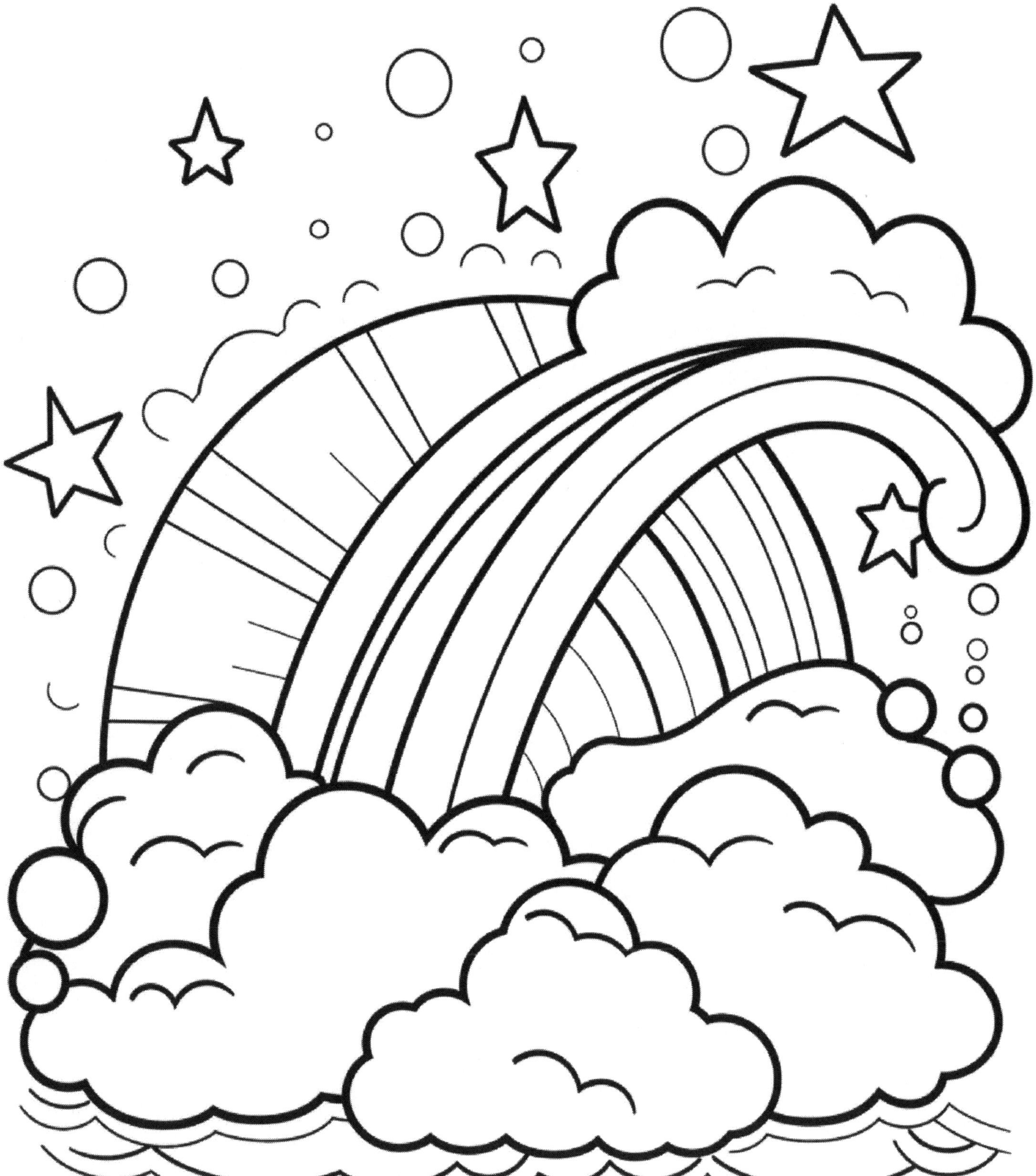

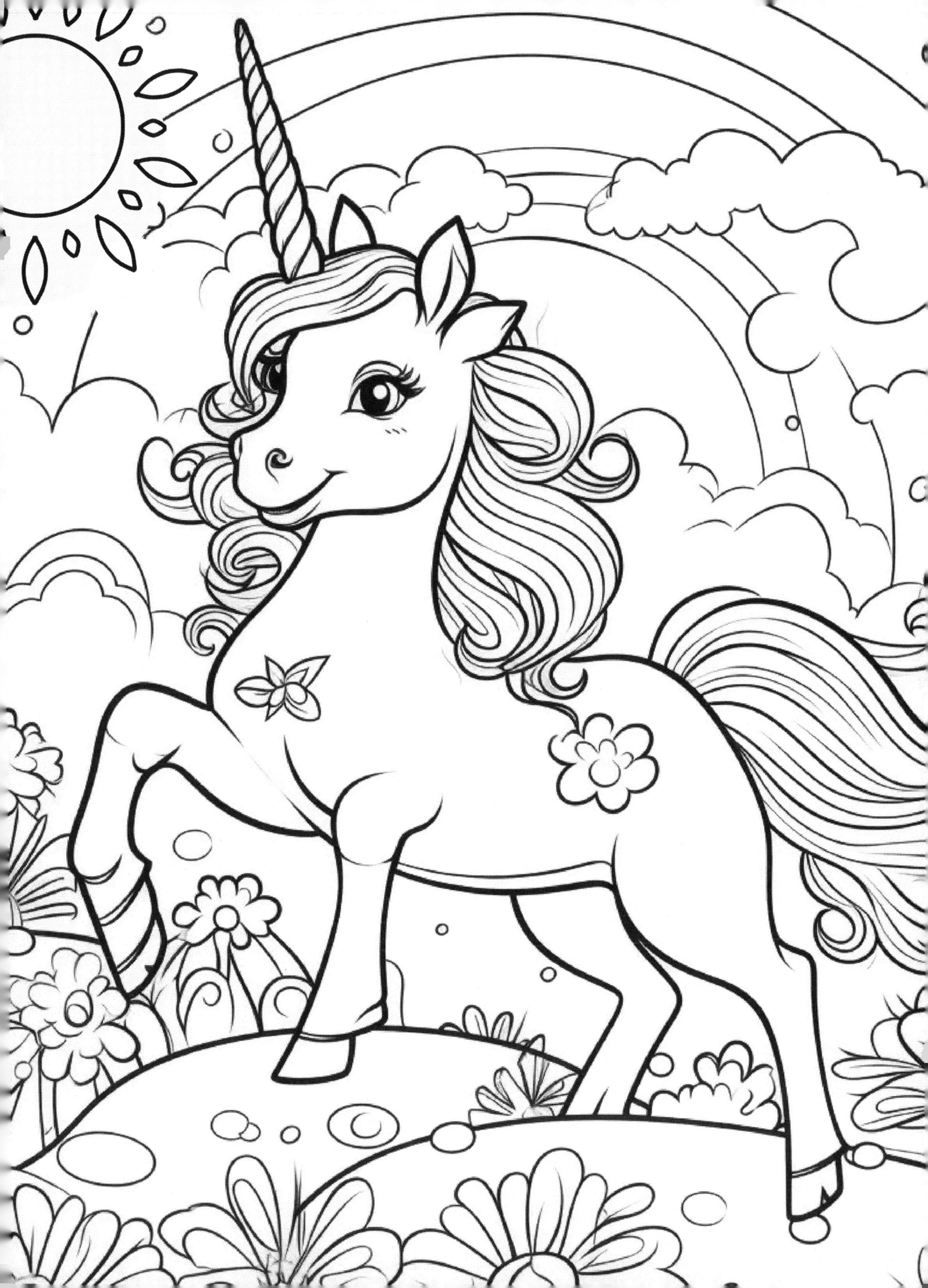

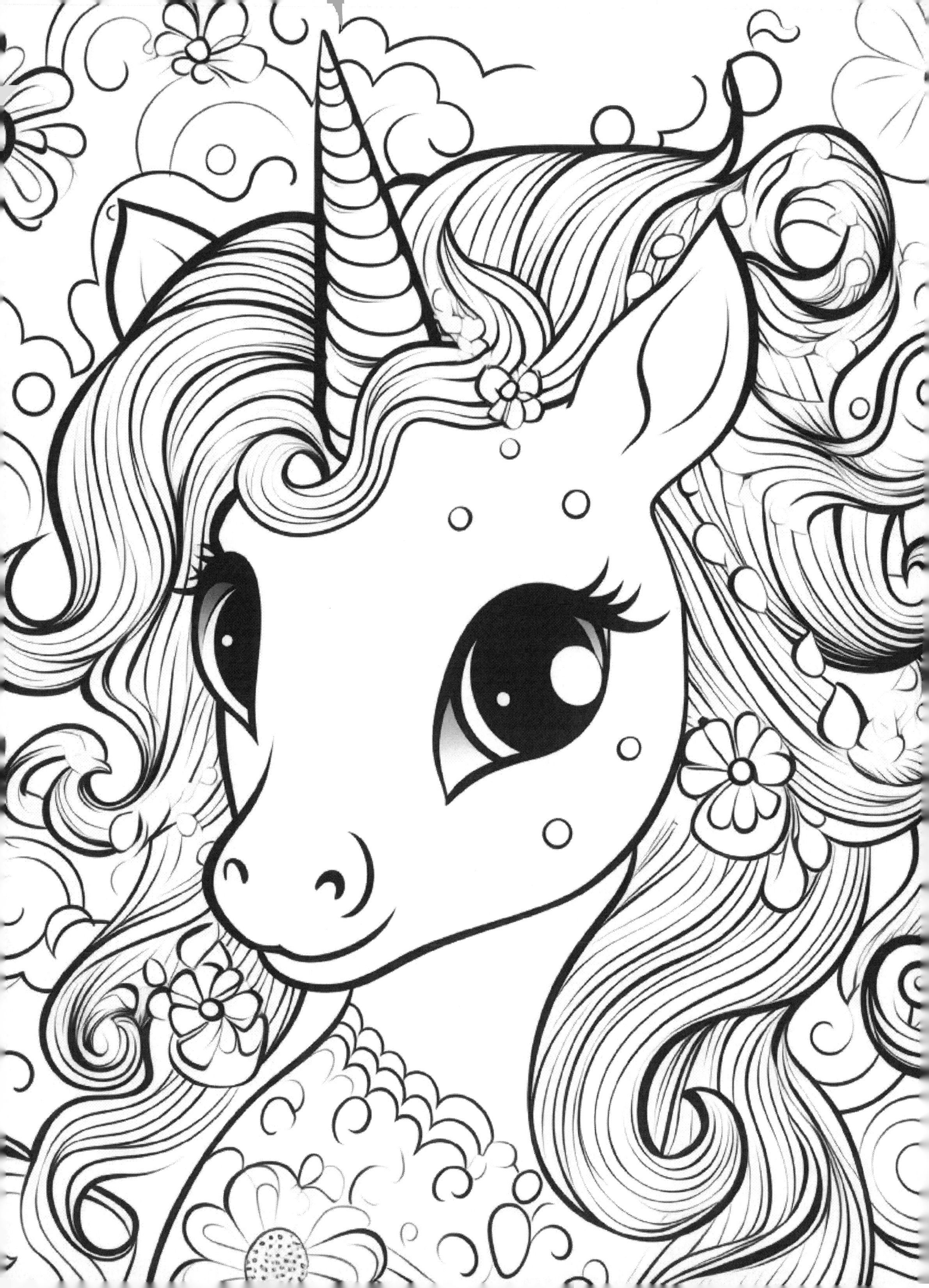

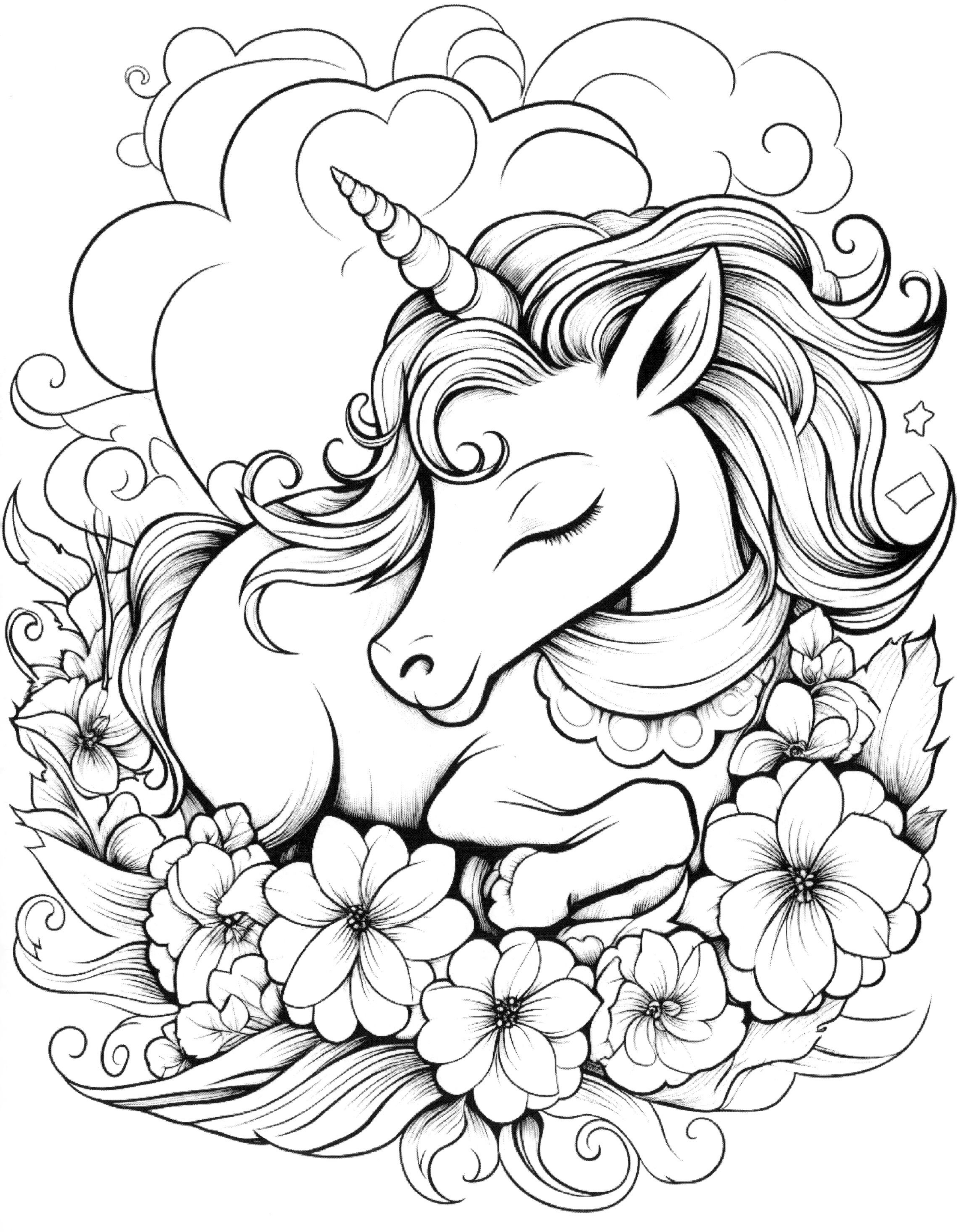

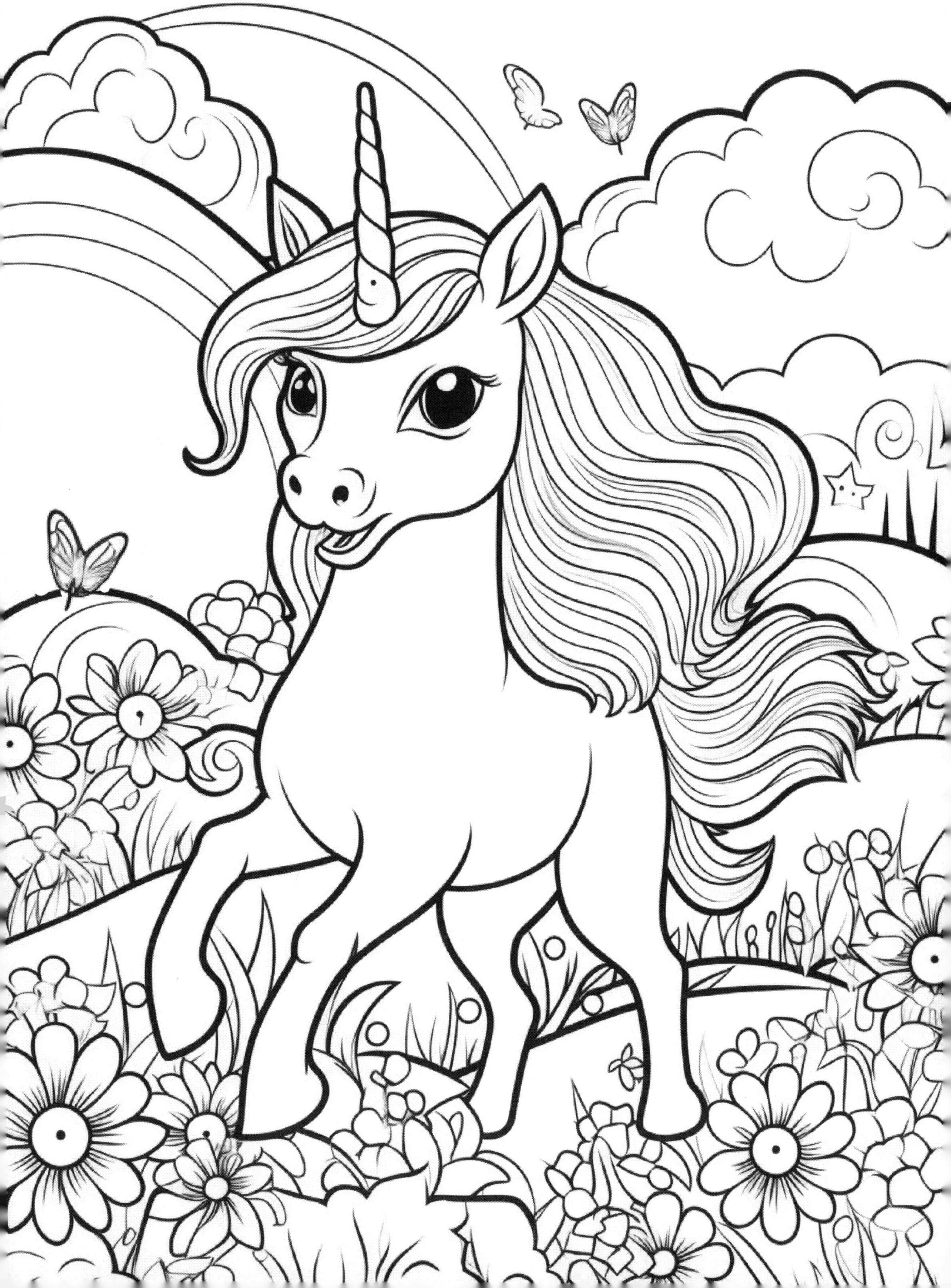

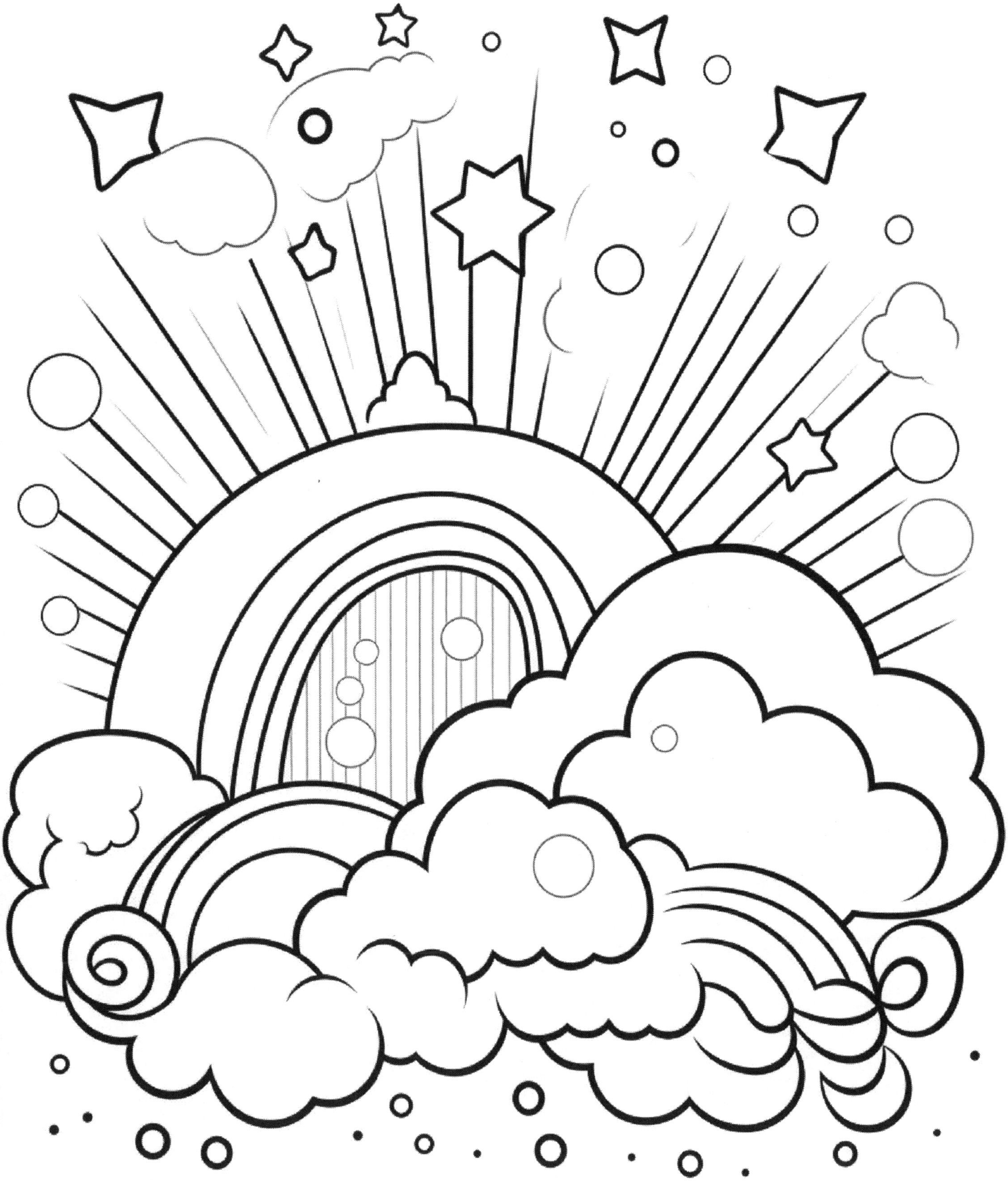

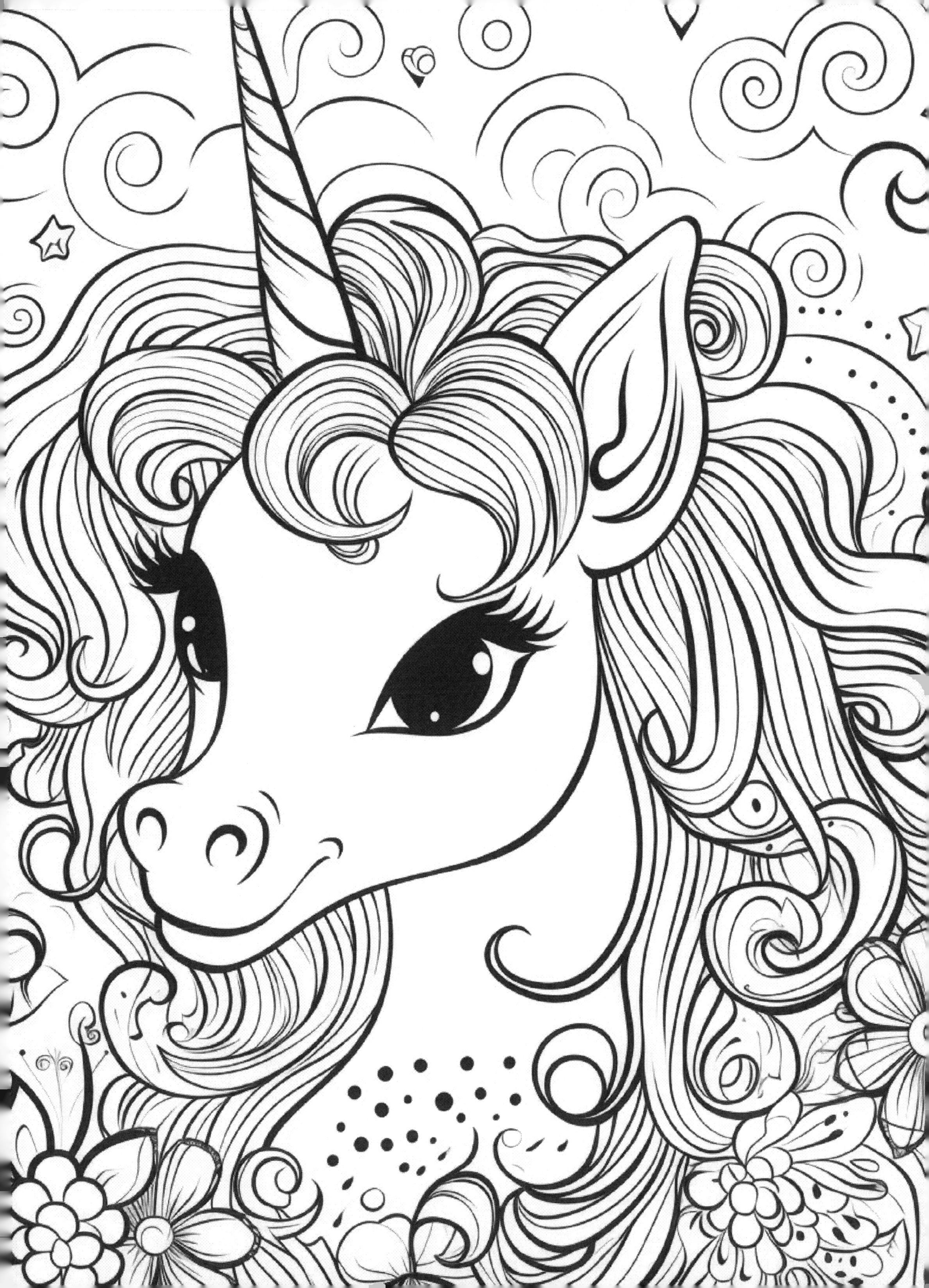

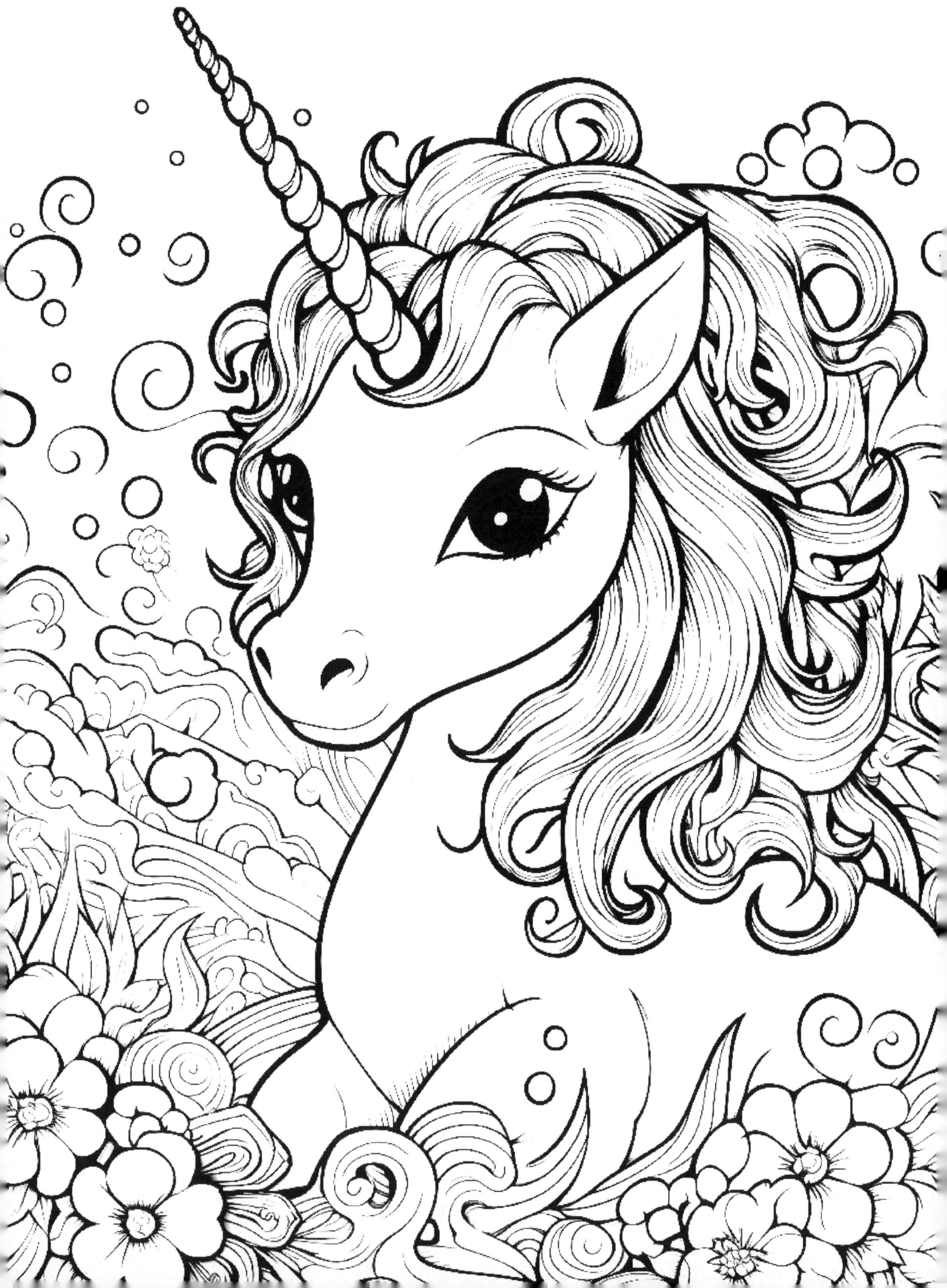

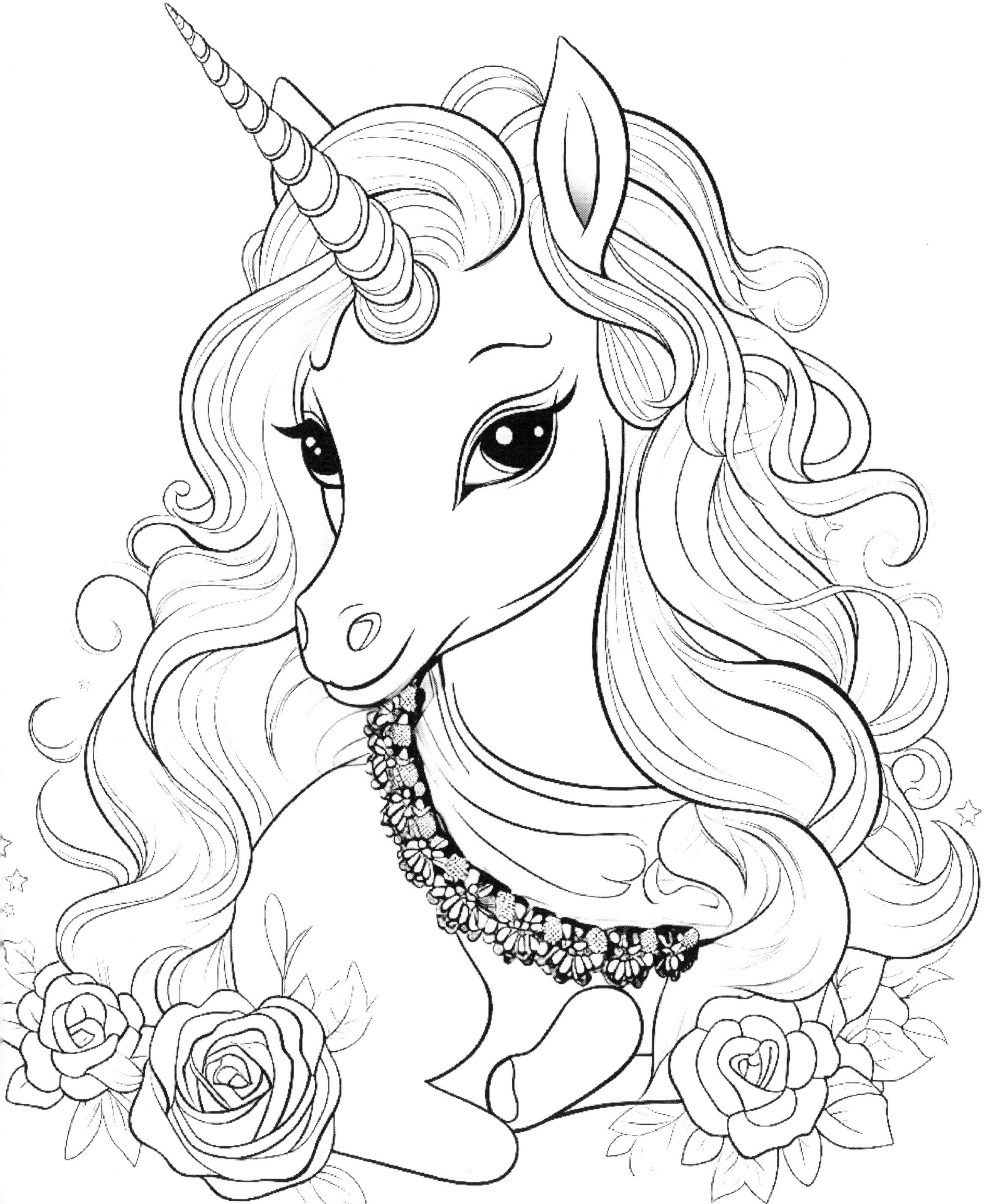

Made in the USA
Columbia, SC
30 December 2024

50845877R00046